Paris
1878

Chassant, Alphonse-Antoine-Louis - Tausin, Henri

Dictionnaire des devises historiques et héraldiques

Supplément au dictionnaire des devises de Tausin

Tome 1

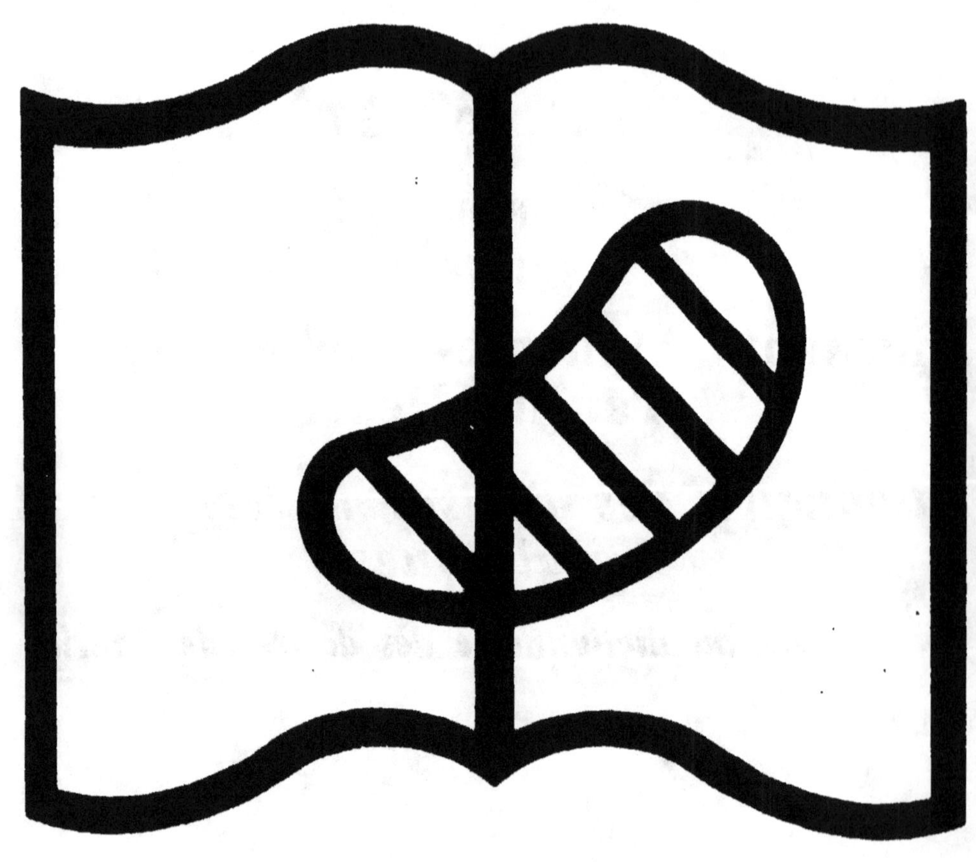

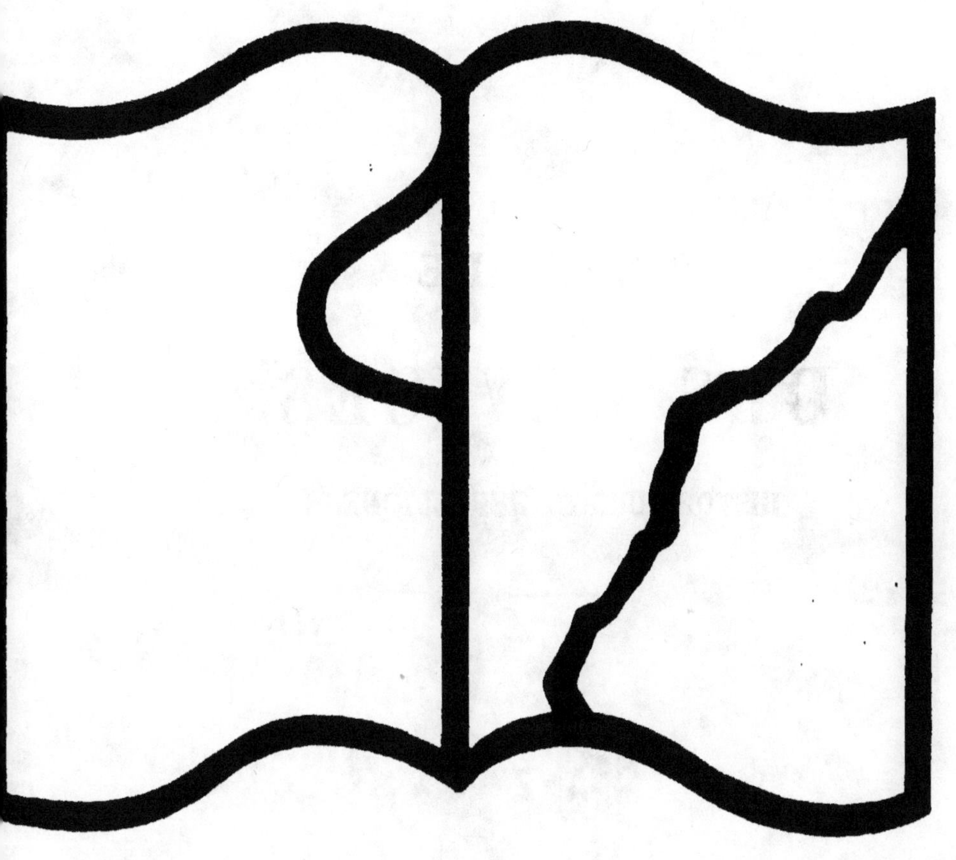

Symbole applicable
pour tout, ou partie
des documents microfilmés

Texte détérioré — reliure défectueuse

NF Z 43-120-11

DICTIONNAIRE
DES DEVISES
HISTORIQUES ET HÉRALDIQUES

I

A-Z

DICTIONNAIRE
DES DEVISES
HISTORIQUES ET HÉRALDIQUES

AVEC FIGURES

ET UNE TABLE ALPHABÉTIQUE DES NOMS

PAR

MM. A. CHASSANT & HENRI TAUSIN

TOME PREMIER

PARIS

J.-B. DUMOULIN, LIBRAIRE-ÉDITEUR

QUAI DES GRANDS-AUGUSTINS, 13.

1878

DICTIONNAIRE

DES

DEVISES NOBILIAIRES

ET HISTORIQUES

A

Abbeville! (*Cri.*) — Le sieur de Bouberch, en Ponthieu.

A bep pen, léaldet. (*Loyauté partout.*) — De Penancouët de Kerouazle, en Bretagne.

A bien viendra par la grace de dieu. — De Touronce, en Bretagne, et Coetmanach.

A bien vienne, ou a bien vienne tout. — De Vienne.

Ab obice major. — Du Plessis.

Ab obice sævior ibit. — Gallean.

ABSENTIS LUMINA REDDIT. (*Lune éclairant la terre.*) — Marie-Louise-Gabrielle de Savoie, première femme de Philippe V, roi d'Espagne.

Jeton de 1702.

ABSIT GLORIARI NISI IN CRUCE DOMINI. — Antoine Roland de Sercey, élu de la noblesse des États de Bourgogne. (Porte une croix.)

Jetons de 1707.

ABSQUE NUBIBUS RUTILAT. (*Le soleil sans nuages*). — François de Bonal, évêque de Clermont.

Jeton de 1776.

ABSQUE TABE LINGUA. — Belin, à Besançon. (Porte des têtes de bélier.)

Jetons de 1665 à 1669.

ABSTINET INVENTIS. — Devise du surintendant des finances, avec un chien de chasse.

ABUNDANTIA DILIGENTIBUS. Pour emblème, une corne d'abondance. — Le cardinal de Givry, de la maison de Longvy, en Bourgogne.

A CANDORE DECUS. — De Morant du Mesnil-Garnier en Normandie et Bretagne, et à Paris. (Porte trois cormorans.)

ACCIPE QUOD TUUM, ALTERIQUE DA SUUM.

Jeton frappé en 1560, dans les Pays-Bas, à l'occasion de la paix de Cambrai.

ACCIPIT UT DET. La lune qui éclaire la terre. (*Elle reçoit pour donner.*) — Une des devises du chevalier Bayard : Ayant reçu 2,000 pistoles d'un gentilhomme de Bresse, pour sauver sa maison du pillage, il en fit présent aux filles de ce dernier.

ACCRESCIT EUNDO. — Chappuis de Rosière, à Besançon. (Porte des croissants.)

Jetons de 1625 et 1628.

A CETTUY-CI, A CETTUY-LA, J'ACCORDE LES CORONNES. — La maison de Goulaines, en Bretagne, par concession des rois d'Angleterre et de France, porte un écu mi-partie d'Angleterre et de France, donné à Alphonse, seigneur de Goulaines, en mémoire de ce qu'il fut employé par le duc de Bretagne, son souverain, en négociations de paix entre les deux royaumes, et qu'il réussit à réconcilier les rois de France et d'Angleterre. Les descendants d'Alphonse de Goulaines ont toujours porté ces armes mi-parties, en les accompagnant de cette devise ci-dessus.

A CHACUN SA VUE. — Gauthier, en Bretagne. (Porte une chouette, etc.)

A CHACUN SON RANG. — De l'Isle, en Bretagne.

ACHARD, HACHE ! — Achard de Bonvouloir (Normandie).

A CŒLO LUX MEA. — François de Gissey, élu du tiers, en Bourgogne. (Porte des chandeliers et des étoiles.)

Jeton de 1625.

A CŒURS VAILLANTS RIEN IMPOSSIBLE. — Jacques Cœur. Gravée sur la maison de ce célèbre argentier de Charles VII. (Aujourd'hui l'hôtel de ville de Bourges.)

ACRI POTIOR PRUDENTIA DEXTRA. —J. Siredey, maire de Dijon. (Porte une licorne.)

Jeton de 1656.

A CRUCE SALUS.—La Croix de Tonignan.— Bourke, en Irlande et Bretagne. — Beauvais-Vouty.

A CRUCE VICTORIA. — Le marquis d'Albon, pair de France. (Porte une croix.)

ACTIBUS IMMENSIS URBS FULGET MASSILIENSIS. — La ville de Marseille, en 1691.

AD ÆTHERA VIRTUS. — Montgrillet.

AD ALTA. — Devise de la maison Leclerc de Juigné, d'ancienne noblesse d'Anjou, et qui dans le XIVe siècle prit possession de la seigneurie de Juigné, au Maine. — Et pour cri de guerre : « Battons et abbattons ». — Le marquis Leclerc de Juigné, pair de France. (Porte une croix et des aiglettes.)

AD ALTIORA. — Reymondis.

AD AMUSSIM. — Chevanney, à Besançon. (Porte un compas sur un champ semé d'étoiles.)

Jetons de 1625 à 1630.

AD ASTRA PER ASPERA VIRTUS. (*Un lion grimpant contre une montagne, regardant les étoiles.*) — Marc Orry, imprimeur, mort en 1610. (Sa marque de libraire-imprimeur est devenue l'écusson de ses descendants.)

A DÉCOUVERT. — De Penancouët de Kerouazle, en Bretagne.

A DELIO NOMEN. — Bernard de la Monnoie, savant critique. (Anagramme de son nom.)

A DELPHINO INCOLUMITAS. (*Dauphin couronné par une main qui sort d'un nuage.*)

Jeton allemand frappé à la naissance de Louis XIII.

A DEO ET CÆSARE. — Holler, baron de Doblofdier.

A DEO ET REGE. — Stanhope.

A DEO SOLO. — Malvoisin.

ADERIT VOCATUS APOLLO. — Remerville.

AD EXPIANDUM HOSTILE SCELUS. — Devise de la ville de Montbrison.

A DOMINO FACTUM EST. — Abelly.

A DOMINO FACTUM EST ISTUD. — Joly de Choin, — de Lyarens, — de Danges, — de Chaillouvres.

AD GLORIAM VOLANS. — Baron de Crossard. (Porte des aiglons.)

A DIEU PLÈSE POLIGNY. — La ville de Poligny.

AD MAJOREM DEI GLORIAM. — Jésuites. — Accompagnant parfois les armes ou insignes de cette compagnie.

AD MUNIA QUAEQUE USQUE VIGIL. (*Un coq.*) — M. Jaliet de la Verroullière, maire d'Angers.

Jeton de 1743.

AD QUID VENISTI. — Falcoz de Maleval.

A DROIT ALLER, NUL NE TRÉBUCHE. — Thomelin, en Bretagne.

AD SIDERA RAMOS. — Perier.

AD SIDERA TENTAT. — Boudin, en Bretagne. (Porte une épée, surmontée de deux étoiles.)

Ad spem spes addita Gallis. (*Un dauphin enlacé autour d'une ancre.*) — Philippe de France, duc d'Anjou, puis d'Orléans, frère de Louis XIV.

Nombreux jetons de 1659 à 1645.

Ad superos tandem stemmata penna vehit. — Barres (des).

Adversa coronant. (*Un soleil entouré de brouillards.*) — Devise du maréchal de Toiras.

Adversis major et secundis. — Prévost, en Bretagne.

Adversis moveri nefas. — Pelletier de Martainville.

Adversis nescia vinci. — Sur une médaille d'Antoine de Bourbon, roi de Navarre. — 1560.

Advise-toi. — Calloët, en Bretagne.

Æquabilitate. — Louis Elzevier, imprimeur, en 1575.

Æquabo si faveas. — Cossé-Brissac.

Æqua durant semper. (*Un bras sortant d'un nuage et qui tient à la main une balance en égal contre-poids.*) — Louis III, duc d'Anjou et roi de Sicile, neveu de Louis Ier, frère de

Charles V, roi de France, voulant dénoter que c'est la justice qui fait prospérer les royaumes.

ÆQUANIMITER. — Maréchal de Bouclans, à Besançon.

Jetons de 1667 et 1669.

ÆQUORA PLACEAT. — Adrien II de Breauté, amiral.

ÆQUUS UTERQUE LABOR. — Sur un jeton de cuivre aux armes et au nom de Henri, prince souverain de Dombes, duc de Montpensier. — 1594.

ÆSTRŒA ET PLACIDAS, SPARGIT ACERBA ROSAS. — Goislard.

ÆSTUS ET FRIGORIS EXPERS. — Le Sparler, en Bretagne. (Porte une épée.)

ÆTERNITATI. (*Deux cœurs enflammés, posés sur une montagne à double cîme.*) — Pierre le Marchant, de Saint-Manvieu, trésorier de France à Caen.

Jeton de 1627.

ÆTERNUM FŒDUS. — Jugnot, à Besançon. (Porte un arc-en-ciel.)

Jetons de 1624 à 1626.

ÆTERNUM MEDITAS DECUS. — François, duc

d'Alençon, frère du roi Henri III. Sur plusieurs médailles et monnaies.

A FIDE SALUS. — Croisilles.

A FIN. — Ogilvy (comte d'Airlie et de Lintrathen), Grande-Bretagne.

A GALON VAD (*De bon cœur*). — De Coëtanscours, en Bretagne.

AGEN! (*Cri.*) — Inscrit dans les armes de la ville d'Agen.

AGERE ET PATI FORTIA. — De Blois, en Picardie, Champagne et Bretagne.

AGES. — Comte d'Uruski.

AGGREDIAR ET INGREDIAR. — Sur une médaille frappée à l'occasion de l'entrée de Henri IV à Paris, 22 mars 1594.

AGINCOURT. (*Cri.*) — Wodehouse (baron), Grande-Bretagne.

AGNUS DEI, QUI TOLLIS PECCATA MUNDI, MISERERE NOBIS. — Devise inscrite sur quelques monnaies de France.

AGNUS MILES. — D'Aigneaux (Normandie).

AH! FUGE! (*Cri de guerre.*) — Berniere.

AIDES DIEU. — Mill, baronnet d'Angleterre.

AIDE-TOI, KERGORLAY, ET DIEU T'AIDERA. — Le comte de Kergorlay, pair de France.

AILLEURS JAMAIS ! (*Cri de guerre.*) — Bouton de Chamilly.

AIME QUI T'AIME. (*M qui t'M.*) — De Kergos, en Bretagne.

AIMER, LOUER, HONORER DIEU. — Richard, en Bretagne.

AIMEZ LOYAULTÉ. — Orde-Powlet (baron Bolton), Grande-Bretagne.

AINSI JE FRAPPE. — Devise de Charles le Téméraire.

AINSI LE VEUX. — Vincent-Savoilhans.

AINSI SERA, LUXEMBOURG. — Luxembourg. *Jeton de 1532.*

A JAMAIS. — Angelin de Champleneys.

A JAMAIS, A JAMAIS. — Chappelaine, en Bretagne.

A JAMAIS CARDEVAC. (*Cri.*) — De Cardevac d'Havrincourt, en Artois.

A JAMAIS CELLE. — Du Plessis le Lergue de Pinnay.

A JAMAIS CROY. — Devise de la maison de Croy.

A JAMAIS WAROQUIER. — Waroquier.

A LA BELLE ! (*Cri.*) — De Pot. — Villenoir.

A LA BONNE HEURE NOUS PRIT LA PLUIE. — Rohan. — Le maréchal de Gié.

A L'ABRI COITIER. — Jacques Coitier ou Coctier, médecin du roi Louis XI. — La famille Coitier, en Franche-Comté.

A L'ADVENTURE. — Botigneau.

A LA GARDE DE DIEU. — De Lamartine.

A LAQUEO MALIGNANTIUM LIBERA ME DOMINE. — Castillon de Saint-Martin.

A LA MORT CHANTE. — Callio, 9e Muse.

A LA PARFIN, VÉRITÉ VAINC. — Potier de Courcy, etc., en Bretagne.

ALAS FIGIT AMOR. (*Vol surmonté de deux cœurs.*) — Du Port, président à mortier au parlement de Dijon.

Jeton du XVIIIe siècle.

A L'ATTRAIT DES BONS CHEVALIERS ! (*Cri.*) — La Châtre.

A LA VERTU NUL CHEMIN N'EST FERMÉ. — Moyria.

A LA VIE ET A LA MORT. — Le comte de Ricard, pair de France.

A LA VOLONTÉ DE DIEU. — Strickland (baronnet), Grande-Bretagne.

ALBOR LATET. — Le comte Lenoir de la Roche, pair de France.

A L'ÉCLAT DES ROSES! (*Cri.*) — Lefevre-Graintheville.

ALIMENTA LABORIS. (*Un porc.*) — Bon de viande pour les ouvriers du canal de Briare.

Méreau de 1606.

A L'IMMORTALITÉ. (*Avec une couronne de laurier.*) — L'Académie française.

ALLEN, TOUS ENSEMBLE. — Devise que le duc Louis (de Bourbon), au retour de sa captivité, écrivit sur sa bannière.

ALLEZ COMME ALLEZ. — La famille d'Alez.

ALMA LEONIS URI ARELATENSIS HOSTIBUS EST, NISI AB IRA LEONIS. — Devise de la ville d'Arles.

ALORS COMME ALORS. — Applaincourt.

Alter post fulmina terror. (*Avec une bombe qui crève en l'air et jette le feu par quatre endroits différents.*) — Devise des gendarmes et chevau-légers d'Orléans, deux compagnies créées pour Monsieur, frère unique du roi.

Alter ope alterius. (*Un miroir ardent, que traversent les rayons du soleil, allume un foyer.*) — États de Bourgogne.

Jeton de 1619.

Altis sic providus imis. (*Un pasteur et son troupeau.*) — Manufacture royale des cuirs de Saint-Germain.

Jetons de 1755 et 1757.

Altissimus nos fundavit. — De la Chambre, en Normandie et Bretagne, et devise de la maison de la Chambre, en Savoie, dit le P. Anselme.

Altius. — Corsant.

Altius ardet. — Colas des Francs.

Altius tendam. — De Ripanti, comte de Malviano.

Altri tempi, altre cure. — Antoine Tinseau (mort en 1601), en Franche-Comté.

Altum petit, ima relinquens. — Souvert.

ALTUS ET FORTIS. (*Haut et fort.*)—De Hautefort, en Périgord, Limousin, etc.

A. M. (AVE MARIA). — Accompagnant les armes de la ville de Montpellier.

A MAL HIVER BON FEU. — Malivert.

AMANTES TUI AMA. — Saint-Hylaire.

AMANTIBUS JUSTICIAM, PIETATEM ET FIDEM. (*A ceux qui aiment la justice, la piété et la foi.*)—Devise inscrite sur l'étoile ou médaillon rond de l'ordre de Sainte-Anne, créé par Charles-Frédéric, duc d'Holstein-Gottorp, mort en 1739, père de Charles-Pierre-Ulric, reconnu héritier présomptif de Russie en 1742. (Ordre russe.)

AMANTISSIMUS ÆQUI. — Philippe, à Besançon.

Jeton de 1648.

A MA PUISSANCE. — Grey (comte de Stamford et de Varrington), Grande-Bretagne.

AMAT LIBRARIA CURAM. — Adrien Moetjens, imprimeur à la Haye, au XVIIe siècle.

A MA VALEUR. — Halanzy (Grande-Bretagne.)

A MA VIE. — Bretagne.

A MA VIE. — Devise des ducs de Bretagne, sur leurs sceaux et sur les tombeaux de cette famille. — Devise d'Anne de Bretagne. — Devise de l'ordre militaire de l'Hermine, institué par Jean V, le vaillant duc de Bretagne, en 1365.

AMBOISE! (*Cri.*) — Chaumont d'Amboise.

AMICO PATRIÆ, PATRIÆ CARISSIMO. — Du Pont.

AMIS AMÉS, AMIE AVÉS. — Marguerite de France, comtesse d'Artois (1361-1382).

Jeton.

AMI SEUR. — Saumery.

A MOI! (*Cri.*) — Rogemont.

A MOI, CHAULDEY! (*Cri.*) — Jean de Chauldey, dit Carondelet, vivant à la fin du XIIIe siècle.

A MOI MELEUN! (*Cri.*) — De Melun.

A MON DEVOIR. — Thalie, 6e Muse.

A MON DIEU MON ESPÉRANCE. — Devise gravée sur une maison de la rue du Gril, n° 14, à Paris, sur laquelle on voit la date de 1674.

A MON HONNEUR. — Lagger de Camplong.

Amore civium invitis confirmor. — Edme Ferry, maire de Beaune.

Jeton de 1651.

Amore et candore. — Comte Amadé de Varkony, en Hongrie.

Amore majores fidelitate maximi. — De Badie, maire de Dijon.

Jeton de 1686.

Amor et fides. — De la Noë ou Noüe, en Bretagne. (Porte un lion.)

Amor et virtus. — Prince de Pückler-Muskau.

Amor in honore. — Malarmé ou Malarmey de Roussillon, à Besançon.

Jetons de 1665-66.

Amor meus, pondus meum. (*Dans les plateaux d'une balance sont les armes du maire, et un cœur aux armes de Dijon.*) — B. Boulier, maire.

Jeton de 1666.

Amor omnibus unus. — De Badie, maire de Dijon.

Jeton de 1685.

Amour de dieu, espoir en dieu. — Le Bihan, en Bretagne.

Amour et vérité. — Du Boisgueheneuc, en Bretagne.

Amour ou guerre. — La Rochelambert.

Amour sans crainte. — Gonthier.

Amzéri. (*Temporiser.*) — De Parscau, en Bretagne.

Angelis suis mandavit de te. — De Monthiers, en Beauce, etc.

Angor et ango. — Lemaître de Ferrières.

Animis illabere nostris. — Bruslard.

Animo forti nil forte. — Lefebure.

Animos expertus jupiter. (*Avec un aigle pour symbole.*) — Devise du maréchal d'Albret.

Animos, jovis auspice, tollam. (*Troupe de guerriers.*) — Gaston, duc d'Anjou, puis d'Orléans.

Jeton de 1626.

Animus imperat. — Grandpré.

Ante ferit quam flamma micet. — Philippe le Bon, duc de Bourgogne, institua à Bruges, l'an 1430, l'ordre de la Toison d'or, et lui donna sa devise du fusil : « *Il frappe avant que la flamme paraisse.* » — Aussi le grand collier de cet ordre était composé de fusils entrelacés de cailloux étincelants.

Ante mare undæ. — De Rochechouart, en Limousin et Bretagne. C. S. V. de Rochechouart, duc de Mortemart, pair de France. (Porte *fasce ondée.*)

Ante quebrar que doublar. (*Plutôt rompre que plier.*) — Taillard, en Bretagne.

Antes quebrar que doblar. — Le comte de Chabrillan (Guignes de Moreton), pair de France.

Ante te omne desiderium. (*Une plante de lys.*) — Philippe de la Chambre, cardinal de Boulogne.

Jeton du XVI*e siècle.*

Antiqua fortis virtute. — De Cahideuc, en Bretagne. — Hémery de Beaulieu.

Antique, fier et sans tache. — Le marquis de Saint-Maurice-Chatenois, pair de France. — Franche-Comté.

Antiquitas et nobilitas. — Nedonchel.

Antiquité de penhoet. — De Penhoët, en Bretagne.

A NUL AUTRE. — Broglie.

A PATRE ET AVO. — Hubert, en Anjou et Bretagne.

A PEB EMSER. — Coetlogon.

A PEINE UN CHAT Y PEUT ATTEINDRE. — Chaton, en Bretagne. (Porte un pin.)

APERTÈ ET HONESTÈ. — Le marquis Maison, pair et maréchal de France.

A PETITE CLOCHE GRAND SON. — Granson.

A PLUS. — De Rohan, en Bretagne.

APRÈS DONNER, IL FAUT PRENDRE. — De Cameru, en Bretagne.

A PROBITATE DECUS. — Chevalier de Hogelmüller.

AQUILA ET LEO. — Jean Carondelet, en 1397. Devise donnée par le comte de Nevers, après la bataille de Nicopolis.

AQUILA IN NUBIBUS. — Devise faite pour Joseph-Just Scaliger.

AQUILA NON CAPIT MUSCAS. — D'Andigné, en Bretagne. (Porte trois aiglettes.)

AQUILA SEMPER REGUM AMICA. — Baron d'Arreger, en Allemagne.

AQUILÆ VALORI LAURUS. — Valory (Savoie).

ARAOG, ARAOG! (*En avant, en avant !*) — De Kerlouet, ou Keranlouet, en Bretagne.

ARBITRIO REGIS, PATRUM, PLEBISQUE. — P. Terrion, maire de Dijon.

Jeton de 1650.

ARCANA SERVANT. — Halma, en Bretagne. (Porte des haches d'armes.)

ARCENTQUE DOMANTQUE. — Longueville.

ARCENTUR UBI LUCET. (*Le soleil repoussant les foudres que tient une main.*) — J.-B. Costa, comte de Villards.

Jeton du XVIIIe siècle.

ARCHES DE DIEU SEUL TOUJOURS DESPANDU. — Devise de la ville d'Arches (Ardennes). Allusion à la souveraineté d'Arches, qui avait pour emblème une couronne d'acier fleuronnée, sur le cercle de laquelle était gravée une tour surmontée d'un soleil.

ARDEMUS EODEM. (*Deux flambeaux ardents.*) — Nicolas de Corberon, premier président d'Alsace, et F.-C. Laudreau.

Jeton de 1730.

ARDENS ET ÆQUUM. — Regnauld de Bellescise, en Lyonnais et Bretagne.

Ardent et roume. — Regnauld, marquis de Bissy.

Ardeo ubi aspicior. (*Un miroir ardent exposé au soleil.*) — Devise du duc de Sully.

Ardorem extincta testantur vivere flamma, et pour emblème des larmes tombant sur un brasier cendreux. — Devise de Catherine de Médicis, lorsqu'elle devint veuve de Henri II, voulant signifier l'ardent amour qu'elle portait au feu roi, son mari. On la trouve aussi inscrite sur un jeton d'argent.

Ardorem lux magna sequetur. — Devise qu'accompagnait une fusée, et qu'avait adoptée le comte du Plessis.

Ardua petit ardea. — Héron.

Arduis superiores. — Robuste, en Angoumois. — Keroas.

A resistente coronor. — Grammont de Vachères.

Arma mihi requies. — Armuet de Bonrepos.

Armé pour le roi. — De Pierre de Bernis, en Languedoc.

Armis bona nova. — Baron Chonot Bonne de Briel.

Armis notus. — Armagnot du Chatelet, en Bretagne, en Champagne et en Bourgogne.

Arras! (*Cri.*) — Les Flamands, dans le XIIIe siècle.

Arte et marte. — Du Plessis-Mornay. — Marcé.

Arte et viribus. — Henri Farnèse. (Avec un bœuf à la charrue, pour marquer les qualités d'un prince qui gouverne.)

Arte, virtute, marte. — Brocard, à Besançon.

Jetons de 1648, 1667, 1669.

Artois le noble! (*Cri.*) — Fiennes.

A Salvaing le plus gorgias. — Cri des seigneurs de Salvaing, en Dauphiné.

Ascendit ut quiescat. (*Un foyer enflammé.*) — Le prince de Bourbon-Conti et Laure Martinozzi, sa femme.

Jeton de 1658.

Asylum miseris et tutela. — Devise de Louis-François....., évêque de Bayeux, 1838. (Faisant allusion au vaisseau et à la croix de ses armes.)

A SOLIS ORTU USQUE AD OCCASUM LAUDABILE NOMEN DOMINI. — Jésuites. (Accompagnant quelquefois les insignes de cette compagnie, qui sont d'azur au monogramme supercroiseté de IHS, dans un ovale rayonnant d'or. Au-dessous de ce chiffre ou monogramme ils mettent un cœur avec les trois clous de la Passion.)

ASPERA NON TERRENT. — De Taillepied de Bondy, à Paris et en Bretagne.

ASPICE UT ASPICIAR. — Louise de Vaudemont.

ASSAI AVANZA CHI FORTUNA PASSA. — Bressieu-Grolée, en Dauphîné, avait pris des gerbes liées, et pour âme les paroles italiennes ci-dessus.

ASSEZ A TEMPS. — Mareschal.

ASSEZ D'AMIS, QUAND ELLES SONT PLEINES. — De Montbourcher, en Bretagne. (Porte trois marmites.)

ASSEZ MONTE QUI S'ABAISSE. — Baissey.

ASSEZ PRIE QUI SE COMPLAINT. — Gléon.

ASSIDUIS CONCILIIS OU CONSILIIS. — La ville d'Angers.

Divers jetons.

A SOUHAIT, — ASSOUVY. — Jean, duc de Bedfort, mort à Rouen, en 1435, portait pour devise : tantôt *à souhait*, — tantôt *assouvy*.

ATAO, DA VIRVIQUEN. (*Toujours, à jamais.*) — Huon, en Bretagne.

ATAVIS ET ARMIS. — Le duc de la Chastre, pair de France.

ATAVIS ET ARMIS. — Les chevaliers de Saint-Lazare et du Mont-Carmel, dont : le comte d'Agoult, pair de France ; — Lahouze de Basquiat ; — Laizer de Siaugeat.

A TON CHEVAL, NOBLE DUC ! — Mortemart de Boisse (Lim. — Normandie).

A TORT ON ME BLAME. — Thomas.

A TOUS ACCORDS. (*Un tambour.*) — Tabourot, poëte et littérateur, procureur du roi à Dijon, sous le règne de Henri III.

Jeton sans date, autre de 1585.

A TOUS DIX. — Kermartin.

A TOUS REFUGE. — Du Refuge, en Bretagne.

A TOUT. — Carpentier, en Ponthieu.

A TOUT ! (*Cri.*) — Le marquis de Villeneuve-Vence, pair de France.

A TOUT BIEN VIENNE. — De Vienne, en Bourgogne et Franche-Comté.

A TOUTE HEURE. — Hamel.

A TOUTES HEURTÉS. — Postel des Minières (Normandie.) Devise accompagnant les armoiries de cette famille, avec la date de 1519, le tout sculpté en pierre.

A TOUT HEURT BELLIER, A TOUT HEURT RIEUX. — De Rieux, en Bretagne.

A TOUT REGARD. — Regard (Savoie).

A TOUT VAUDRAY. — Vaudrey.

A TOUT VENANT BEAUJEU ! — De Beaujeu, en Franche-Comté.

ATTENDANT MIEUX. — Gouzven. — Le Borgne, en Bretagne.

ATTENTE NUIT, BUISSY. — De Buissy, en Ponthieu.

AUBIGNY ! (*Cri.*) — Le sieur d'Aubigny, en Corbiois.

AU BON CHRESTIEN. — Le comte de Kergariou, pair de France.

AU BON DROIT. — Vindham (comte d'Egremont), Grande-Bretagne.

AU BRUIT ! *(Cri.)* — Vaudenay.

AU CIEL BEAUMONT ! *(Cri de guerre.)* — Cardevac d'Avrincourt.

AUCTOR EGO AUDENDI. — Devise de Charles, cardinal de Bourbon Ier, et pour corps : une épée flamboyante, tenue par une main. Cette épée représentant le zèle des prélats de l'Église. On lui donne une autre devise. Voyez *n'espoir*, etc.

AUDACES FORTUNA JUVAT. — La Rodde. — Varin de Noidans, à Besançon.

Jeton de 1669.

AUDACTER ET SINCERÈ. — Récourt du Sart, seigneur de Bruères.

AUDAX ET PROMPTUS. — Douglas.

AU DELA DES MERS. — Autret, en Bretagne.

AUDENDUM SAPERE REBUS IN ARDUIS. — F. Moreau, maire de Dijon.

Jeton de 1658.

AUDENTI SUCCEDIT OPUS. — Brossard de Clery.

AU FÉAL RIEN NE FAULT. — Le marquis de Mathan, pair de France.

AU GUET ! *(Cri.)* — Cramailles.

AU JUSANT COMME AU FLUX, CHATEAUFUR EST MON NOM. — De Chateaufur, en Bretagne.

AULTRE NARAY. *(Autre n'aurai.)* — Devise prise en 1429 par Philippe le Bon, duc de Bourgogne, lorsqu'il épousa sa troisième femme, Isabelle de Portugal. (Cette devise se trouve gravée sur deux couteaux d'un écuyer tranchant de ce prince, au musée de Dijon.)

AULTRE N'AURAY. — De Tournemine, en Bretagne. — Coetmeur.

AULTRE NE QUIERT. — Charles de Lalaing.

AULTRE NE SERS. — De Beauharnais, en Bretagne et en Orléanais.

AULTRE NE VEUIL. — De Plusquellec, en Bretagne.

AU MAISTRE LES SOUCIS. — Le Maistre, à Paris et en Bretagne. (Porte des soucis.)

AU PEIGNE D'OR! *(Cri.)* — Culant.

AU PLAISIR FORT DE DIEU. — Le vicomte Mount Edgecombe, en Angleterre.

AU PLUS DRU! *(Cri.)* — Le comte de Tournon-Simiane, pair de France.

AU PLUS HAUT. — Le marquis de la Guiche, pair de France.

AU PLUS VAILLANT HÉROS. — La famille d'Affry d'Aubrebac.

AU PLUS VAILLANT LE PRIX. — Champion de Cicé, en Normandie et Bretagne.

AUREA DABIT (POMA). (*Un oranger en fleurs.*) — La grande Dauphine, Anne-Marie-Christine.

Jeton de 1682.

AURO MICANTE REFULGET. — De la Musse, en Bretagne. (Porte des besants.)

AURO TUTATUR ET ARMIS. (*Couronne royale posée sur une table, devant laquelle on voit Minerve tenant une palme, un laurier, une épée avec la Toison d'or.*) — Chambre des comptes de Bourgogne.

Jeton de 1648.

AU SEIGNEUR DE GLÉON ! (*Cri.*) — Gléon.

AUSPICE CHRISTO. (*Foi ailée, tenant trois épis.*) — Albert et Isabelle. — Chambre des comptes de Dole, en Franche-Comté. — Davie.

Jetons de 1604 et 1611.

AUSPICE CHRISTO NIL DESPERANDUM. (*Homme en prière.*) — Henri de Bourbon, prince de Condé.

Jeton de 1584.

AUSPICIUM IN TERRIS HÆC DOMUS HABET ; MANET ALTERA CŒLIS. — Estouff de Milet de Mureault. — Laporte. — Azanne.

AUSPICIUM MELIORIS ÆVI. — Beauclerck de Vere (duc de Saint-Alban, comte de Burferd.)

AUT CÆSAR AUT NIHIL. — César Borgia.

AUT CÆSAR AUT NULLUS. — Walls.

AUT CEDERE, AUT CÆDI. (*Arbre frappé de la foudre.*)

Jeton de Louis XIII.

AUT MORS AUT VITA DECORA. — La Fons. — L'empereur Othon de Saxe, dit le Grand. — Manessier, en Ponthieu.

Et sur un jeton.

AUTOR EGO AUDENDI. — Charles, cardinal de Bourbon.

AUT PATERE, AUT ABSTINE. (*Un chardon.*) — Ambroise Drouard, imprimeur, mort en 1608.

AUT PERFICE, AUT NE TENTES. — Buson de Champdivers, à Besançon.

Jetons de 1665 à 1671.

AUTREFOIS MIEUX. — Brimeu.

AUTRE N'ARAI. — Philippe le Bon, duc de Bourgogne. — Coëtmeur.

AUTRE NE SERS. — De Beauharnais, en Orléanais. — Leuchtenberg.

AUT VINCERE, AUT MORI. — Devise qui se lit sur un jeton de cuivre frappé au nom de Claude de Lorraine, duc d'Aumale, pair, grand veneur de France et gouverneur de Bourges. (Ecu écartelé de Lorraine et Bourbon. 1571.)

AUX CHATELAINS! *(Cri.)*—Recourt du Sart, seigneur de Bruères.

AUXILIUM AB ALTO. — Kellet. — Baronnet Dillon, en Angleterre, branche des Dillon de France.

AUXILIUM AD ALTA. — De la Poëze, en Bretagne.

AUXIT VIRTUTE DECOREM. — J. Joly, maire de Dijon.

Jeton de 1667.

AUX MAURES. — Vidart.

A VAILLANS CUERS RIENS IMPOSSIBLE. — De Belleval, en Ponthieu.

AVANCE! —Le comte Portmore, en Écosse.

AVANT QUE LA MER FUT AU MONDE, ROCHECHOUART PORTAIT LES UNDES.—Rochechouart-

Mortemart. Devise faisant allusion aux armes ondées de cette famille, et qui a été rendue en latin de cette manière : *Ante mare undæ.*

— AVEC LE TEMPS. — De Grise ou Le Gris.

A VERITATE NOMEN. — Comte de Verita.

A VERO BELLO CHRISTI. — Le comte de Bouillé, pair de France.

A VETUSTATE ROBUR. — Du Roure et Beauvoir du Roure-Grimoard.

AVIDUS COMMITTERE PUGNAM. — D'Agoult, en Provence, Dauphiné, etc. (Porte un loup.)

A VIRTUTE VIRI. — Viry.

AVISE LA FIN. — Le comte Cassilis, en Écosse.

AVISEZ LA FIN. — Kennedy (marquis et baron d'Ailsa), Grande-Bretagne.

AVITA PERAGRO LOCA. — Chiflet, à Besançon.

Jetons de 1623 et 1624.

AVITO VIRET HONORE. — Stuart (baron Stuart de Rothelay).

AVIZE, AVIZE. — De Quelen de Stuert de Caussade, duc de la Vauguyon.

Ayde a aultruy, Dieu t'aydera. — Ponton d'Amécourt (Champagne).

Ayde au second chrétien Levis. — Levis-Mirepoix (Comt. Venais.).

Ayde-Dieu au bon chevalier. — Candolle (Provence).

Ayde-toi, Kergorlay, et Dieu t'aidera.— De Kergorlay, en Bretagne.

Aye foy. — Grouchy (Normandie et Bretagne.)

Aymez loyaulté. — Le duc de Bolton, en Angleterre.

Azincourt! (*Cri.*) — John Woodhouse, en Angleterre, combattant d'Azincourt.

B

Barbaria. — Mot inscrit sur le collier de l'ordre de la Croix de Bourgogne, institué par Charles-Quint.

Bataille pour Dieu! (*Cri.*) — Bataille de Mandelot, en Bourgogne.

BATTONS ET ABATTONS ! (*Cri.*) — Le marquis Le Clerc de Juigné, pair de France.

BEAUFREMONT ! (*Cri de guerre.*)— Beaufremont de Charny.

BEAUMANOIR, BOIS TON SANG. — De Beaumanoir, en Bretagne. (La devise vient du combat des Trente, en 1350).

BEAUMÈS ! (*Cri.*) — Escaillon.

BEAUVEAU ! (*Cri de guerre.*) — Beauveau.

BELLA MINATUR. — De Kermellec, en Bretagne.

BELLA ODI, PACEM TUEOR, COMPESCO REBELLES. — Devise d'Angers, au revers du jeton de L. Davy.

Jeton de 1596.

BEL AVIS. — Coucy-Châteauvieux.

BELLECOMBE ! (*Cri de guerre.*)— Bellecombe.

BELLE SANS BLAME. — Luyrieux.

BELLICA VIRTUS. — Aché de Larrey.

BELLICÆ VIRTUTIS PRŒMIA. — Mauperché.

BELLICÆ VIRTUTIS PRŒMIUM. — Devise de l'ordre de Saint-Louis, créé par Louis XIV en 1693.

Bellum in pace. — D'Ombreuil de Budbach.

Bene beati feceris. — Chrétien Godran, maire de Dijon.

Jeton de 1557.

Benefacientes benedicti. — Benoist d'Azy (Orléans).

Bene vivere et cœlari. — Cottereau.

Benignè et justè. — Bénigne Le Compasseur de Courtivron, maire de Dijon. (Porte des compas).

Jeton de 1621.

Benigno numine. — Pitt (comte de Chatam).

Benin sans venin. — Meulh.

Bepret. — Penmarch.

Bépret creur. (*Toujours fort.*) — Du Botdéru, en Bretagne.

Berghes ! (*Cri de guerre.*) — Berghes saint Winnocks.

Bernemicourt ! (*Cri de guerre.*) — Bellefórière.

Berpet Crinwhe. — Le comte du Botderu, pair de France (Bretagne).

BEZA È PÉOC'H. (*Être en paix.*) — De Coëtquelven, en Bretagne.

BIEN FAIRE ET LAISSER DIRE. — Bengy de Puy-Vallée.

BIEN FAIRE ET NE RIEN CRAINDRE. — Dutrieu.

BIEN FONDÉ ROCHEFORT. — Rochefort.

BIEN POUR CHASSEY. — De Chassey, en Franche-Comté.

BIEN REGNEREZ. — Serre.

BIEN SUR. — Du Juch, en Bretagne.

BISANTIIS NUMMIS PAUPERIBUS ADEST. — Bony de Lavergne.

BLESSURE AU CŒUR, JAMAIS A L'HONNEUR. — Glé, en Bretagne. (Porte un cœur percé d'une flèche.

BONA VICINA MALIS. (*Un vaisseau entre deux écueils est poussé par des vents favorables.*) — Philippe de Croy, comte de Sobre.

Jeton de 1592 et médaille de 1596.

BONA VOLUNTATE. — Le Marant, en Bretagne.

BON ET BEAU. — Du Cosquer, en Bretagne.

BON ET LOYAL. — Le Rodellec, en Bretagne.

BON GUET CHASSE MALE AVENTURE. — Béhague.

BONNE ET BELLE ASSEZ. — Bellassye. — Le comte Fauconberg, en Angleterre.

BONNE FIN. — Perréal, en Franche-Comté.

BONNE RENOMMÉE. — Grasse (Dauphiné).

BONNES NOUVELLES. — La famille du Bègue de Lannoy.

BONNE VIE. — De Molac, en Bretagne.

BON SANG NE FAILLE. — Bongars.

BON SANG NE PEUT MENTIR. — Du Parc, en Bretagne.

BONS CHRÉTIENS DE BAUFFREMONT. (*Adage.*) — De Bauffremont, en Franche-Comté.

BONUS PASTOR ANIMAM SUAM DAT PRO OVIBUS SUIS. — Jacquemet, évêque de Nantes, en 1849.

BONUS SEMPER ET FIDELIS. — Le marquis de Pastoret, pair de France. (Porte un pasteur et son chien.)

BOULOGNE! (*Cri de guerre.*) — Bertrincourt.

BOULOIGNE! (*Cri.*) — Les sieurs de Picquegny, de Saint-Sautflieu, en Ponthieu, les anciens comtes de Bouloigne-sur-Mer.

Boulongne ! (*Cri.*) — Trie et Piqueny.

Bourbon ! (*Cri.*) Combaud.

Bourbon Notre-Dame ! (*Cri de la famille de Bourbon.*)

Bourne ! (*Cri.*)— Le sieur de Thiembronne, en Boulonnais.

Bousies au bon fiz. — Bousies.

Bousies ! (*Cri.*) — Le sieur de Happlincourt en Vermandois.

Boutez en avant. — Le comte Barrymore, en Irlande. (Mêmes armes et même devise que la comtesse du Barry, en France.)

Brevior at clarior. — Thorigny.

Brevi quam grandia prestat. (*Accompagnant un citronnier avec son fruit.*) — Devise de Charles de Cossé de Brissac, maréchal de France.

Brosse ! (*Cri.*) — Saint-Sévère.

Bureau vaut écarlate. — Devise de Jean Bureau, grand-maître de l'artillerie sous Charles VII, maire de Bordeaux en 1451.

BURY ! (*Cri de guerre.*) — Bury.

BUVES TOST ASSIS ! (*Cri de guerre.*) — Buves.

C

CADENS RESURGIT MAJOR. — J. Boussuet, maire de Dijon. (Porte des roues.)

Jeton de 1613.

CÆSAR-AUGUSTE ! (*Cri.*) — Préaux.

CALCULO ET RATIONE METIENDA OMNIA. — François, dauphin, roi d'Écosse, depuis François II.

Nombreux jetons.

CALONEC A DREC'H BEP TRA. (*L'homme de cœur surmonte tout.*) — Charuel, en Bretagne.

CAMBERON ! (*Cri de guerre.*) — Boufflers.

CAMBRAISIS ! (*Cri de guerre.*) — Baudet. — Blécourt.

CAMBRAY, CITÉ DE PAIX. — La ville de Cambray.

Jeton de 1579.

CAMBRESIS ! (*Cri de guerre.*) — Cantaing.

CAMPI TUI REPLETUNTUR UBERTATE. — Piolenc.

CANDIDA CANDIDIS. (*Une lune en face d'un soleil, laquelle répand des rayons si lumineux qu'elle semble elle-même un autre soleil.*) — Devise de la reine Claude de France, première femme de François Ier.

CANDIDÈ ET SINCERÈ. — Baron de Gervay.

CANDORE ET LABORE. — Baron de Ritter, en Allemagne.

CANDORE ET ARDORE. — Orglandes (Norm.).

CANDOREM PURPURA SERVAT. (*Un œillet incarnat mêlé de filets blancs.* — Une des devises du cardinal de Richelieu, pour signifier que la sincérité de ses intentions pour le service de l'État a autant établi sa réputation que l'éclat qu'il tirait de la pourpre romaine. (*Le P. Anselme.*)

CANDOR ET ROBUR. — Le marquis Huguet de Sémonville, pair de France. (Porte un cygne et un chêne.)

CANDOR EXSUPERAT AURUM. — De Lauzanne, dans la Marche et en Bretagne. (Porte un croissant d'argent et des étoiles d'or.)

Candor illæsus. — Le pape Clément de Médicis, VIIe de ce nom, avait pour sa devise une comète ou étoile à queue.

Candor notatur lilio. — Despotots, à Besançon. (Porte un bouquet de lys dans un pot.)

Jeton de 1626.

Canes legati. — Chanalleilles.

Cant a l'oiseau ! (*Cri.*) — Prye ou Prie.

Cantans fugat. (*Coq effrayant un lion par son chant.*)

Jeton des parties casuelles, 1655, relatif à la levée du siége d'Arras par les Espagnols.

Cantat pugnatque vicissim. — Rioust, en Bretagne. (Porte un coq.)

Capiam aut mergor. — Collas, en Bretagne.

Caput inseret astris. — Boffin. — Bouvier.

Carantez ha guirionez. (*Amour et Vérité.*) — Du Boisguehenneuc, en Bretagne.

Caret Doué, meuli Doué, énori Doué. (*Aimer, louer, honorer Dieu.*) — Richard, en Bretagne.

Caritas. — Caritat de Condorcet.

CARITAS NESCIA VINCI. — Plantade.

CARPENTIER ! (*Cri de guerre.*)— Carpentier de Crécy.

CASSIS TUTISSIMA, VIRTUS. — Ablaing.

CASUS NE? DEUS NE? — Devise prise par Godefroy de Bouillon, duc de Lorraine, « lequel se promenant à l'entour de la ville (au siége de Jérusalem), apperçut trois oiseaux sur une tour, et ayant tiré dessus, il les perça tous trois d'une flèche, ce qu'il prit depuis pour devise avec ces mots ci-dessus », et ensuite les ducs de Lorraine les ont retenus pour armes. (*Segoing.*)

CAUSA LATET. — Montigny de Thimeur.

CAVEANT. — De Cavan, avocat au parlement de Bretagne, en 1786.

CAVE, CAVE CANEM ! — Cauvet de Blancheval.

CAVE GRYPHEM. — Baron de Bohlen.

CAVETO. — Bouvier de Portes.

CECIDI, SED SURGAM. — Montalembert de Gers.

CEDAT BELLONA MINERVÆ. — Charles Chauvyn de Fontainebleau...

Médaille du XVI*e siècle.*

Cedatur feriens. — La Maillardière et Lefèvre de La Maillardière.

Cedendo supero. (*L'Amour tirant de l'arc.*) — G. de Morru, bailli de Château-Thierry.

Jeton du XVII*e siècle.*

Cedo nulli, avec un dieu terme, était la devise d'Erasme.

C.E.I.I.S.E.E.E. [Curando enixé in imos sanctæ ecclesiæ, ecclesia elevat.] — Du Puy-Melgueil.

Celare divinum opus. — Du Breul de Sacconey, en Franche-Comté.

Celeres ardore. — Devise des chevau-légers, acompagnée de fusées volantes.

Celeritas atque fidelitas. — Rancher.

Celon le tamps vaulchard (*Selon le temps vaut le char*). — Vaulchard, à Dôle, en Franche-Comté.

Jeton du XVI*e siècle.*

Celuy a le cœur dolent, qui doit mourir, et ne sçayt quand. — Devise du sieur de La Masserie-Morin, chevalier de l'ordre de Saint-Michel, docte et savant en blason et généalogie.

CERF, PIE, LION. — Serpillon.

CERTA DUCUNT SIDERA. *(Vaisseau guidé par deux étoiles.)* — États de Bourgogne.

Jeton de 1707.

CERTÆ CONTINGERE METAM. — Burteur, maire de Dijon. (Porte des flèches.)

Jetons de 1742, 45, 48.

CERTA FULGENT SIDERA. — Dessole.

CERTA INTERITUS FIDUCIÆ. — Duval de Dampierre (Champ. — Norm.).

CERTAMINE PARTA. — Simiane. — Montchal.

CERTAT MAJORIBUS ASTRIS. — Huraut de Cheverny.

CERTAVI, SANGUINAVI, VICI. — O'riordan, en Irlande, Bretagne et Orléanais. (Porte un dextrochère tenant une épée.)

CESSANDO MAJORA PARAT. *(Un arc débandé.)* — Une des devises du maréchal Armand de Biron.

CESSIT VICTORIA VICTIS. — Devise qui est au-dessous d'un écu sculpté et peint mi-partie rouge à gauche et blanc à droite, au-dessus de la porte d'entrée d'une maison de la rue Rotrou, à Dreux ; sur la clé de voûte est aussi sculptée une épée droite, la pointe en haut ; celle-ci porte enfilées trois couronnes à fleurons, placées à des distances égales ; du centre d'intersection de ces couronnes se détachent, à droite et à gauche, trois branches ou rameaux simples, portant, également enfilée vers son milieu, une couronne pareille aux précédentes, ce qui fait en tout neuf couronnes, *trois* sur la *tige* et *six* sur les *rameaux*. Cette épée symbolique est représentée dans les devises *héroïques* de Guill. Paradin, p. 199 de l'édit. de Lyon, 1547. C'est, selon cet auteur, « la sanglante espée du supplice des SS. martirs (qui) se convertit en palmes de perpétuelle victoire, portant couronnes de regne immortel. » — On a dit que cette devise faisait allusion à la bataille de Dreux, livrée sous Charles IX, en 1562, que les protestants paraissaient avoir gagnée et qu'ils perdirent. C'est à tort, puisque Paradin la signale antérieurement à 1562. (*De la Querrière.*)

C'EST A MON TORT. — Châles.

C'EST DU MOULIN QUE NOUS VIENT LA PATURE. — Dumoulin, libraire-éditeur à Paris, de nos jours. (A pour marque un moulin à vent et la devise ci-dessus.)

C'EST MON PLAISIR. — Gaude de Martainville. — La Rochefoucault. — Simon, en Bretagne.

C'EST PAR LA VERTU. — Paterin.

C'EST POUR BIEN. — La Ferté.

C'EST UN ABÎME. — Guiramand de Sadolet.

CHACUN EN SON TEMPS. (*Un aigle à deux têtes, qui d'un bec tenait un foudre et de l'autre une palme.*) — L'empereur Maximilien d'Autriche, fils de l'empereur Frédéric III.

CHACUN EST LIBRE DE FAIRE CE QU'IL VEUT. — 1660. Devise gravée sur le manteau en pierre d'une cheminée d'une maison à Bourgneuf-en-Retz (Loire-Inférieure), où se lisait cette inscription : LA DEVISE DE PIERRE ROBARD EST QVE CHACVN EST LIBRE, etc. Ce personnage était sénéchal de Bourgneuf. (*De la Querrière.*)

CHANCEL NE CHANCELLE MIE. — Chancel de la Grange.

CHARITAS. (*Les Minimes.*) — Devise en trois syllabes mises l'une sur l'autre, enfermée dans un ovale rayonnant. — Leclerc. — Caritat de Condorcet.

CHARITATIS OPUS. — La maison d'Alesso, petit-neveu de saint François de Paule.

CHARRIER DROIT. — Charrier.

CHASTILLON ! (*Cri.*) — Vassy.

CHASTILLON ! CHASTILLON ! (*Cri.*) — Chastillon-Chemilla.

CHATEAUNEUF ! (*Cri.*) — Châteauneuf-Randon.

CHATEAUVILLAIN A L'ARBRE D'OR ! (*Cri.*) — Chateauvillain.

Châtillon ! (*Cri de guerre.*)— Bazoches.

CHE PERI, PUR CHE M'INNALZI. — Cette devise fut composée par madame de Sévigné pour Joseph Adhémar de Monteil, frère de M. de Grignan.

CHERCHE QUI N'A. — Marguerie, en Normandie et Bretagne. (Porte des marguerites ou pâquerettes.)

CHER REPOS. — Devise anagramme de Porchères, d'Arbaud, l'académicien.

CHEVALERIE DE KERGOURNADEC'H. — De Kergournadec'h, en Bretagne.

CHEVALIERS PLEUVENT ! JÉRUSALEM ! (*Cri.*) — Chauvigny.

CHI. DI. MORTE. TEME. DI. VITA. NON. E. DE

QNO. — Henri de Bourbon, prince de Condé.

Jeton de 1574.

CHIÈVRE ! (*Cri.*) — Desclabes.

CHRISTUS REX VENIT IN PACE, DEUS HOMO FACTUS EST. — L.-J. de Castellanne d'Ornano de Grignan, évêque de Carcassonne.

Jeton de 1718.

CHRISTUS REX VENIT IN PACE, ET HOMO FACTUS EST. — La famille d'Adhémar, de Grignan.

Sur une sculpture en pierre et le jeton de l'évêque de Carcassonne.

CHRISTUS VINCIT, CHRISTUS REGNAT, CHRISTUS IMPERAT. — Devise que les rois de France, à partir du règne de Louis VI, en 1137, ont mise sur leurs monnaies. J'ai un cachet aux armes de France qui porte cette même devise.

CIEL A CIEL ! (*Cri.*) — Des Cordes-Watripont.

CINGIT ET OBSTAT. — Du Port.

CINXITQUE DECENTIBUS ARMIS. — Devise du sieur De La Roque, gentilhomme, docte en l'histoire, blason et généalogie.

CITHARÆ CONJUNGIT IBERIA VESTES LILIA DANT GALLI, DATQUE TOLOSA CRUCEM. — La maison d'Arpajon, qui écartelait de Toulouse, de Séverac, d'Arpajon et de France; sur le tout de Malte.

CITO TUTOQUE. — Le comte de Guinsonnas, pair de France.

CIVICO FŒDERE PRÔDERIT. — Le conseil des échevins de Dieppe.

Jeton de 1763.

CIVITAS POPULUSQUE ROTHOMAGENSIS. — Devise sur un jeton de cuivre frappé sous Louis XVI aux armes de la ville de Rouen.

CLARIUS IN ADVERSIS. — Louis de Lavallette (duc d'Épernon).

CLEMENCE ET VAILLANCE. — Clement de Saint-Marc.

CLERMONT ! (*Cri.*) — De Clermont-Tonnerre. — Le sieur de Gaucourt, en Beauvoisis.

CLERMONT DE LODÈVE ! (*Cri.*) — Clermont.

CŒLARE DIVINUM OPUS. — Le Breuil.

CŒLESTES PANDITE PORTAS. — Baron de Gibsone.

CŒLESTUM IN IRA TUEOR. — Comte Radolin-Radolinski.

Cœli decus. (*La fausse apparence de trois soleils, produite par le soleil levant.*) — La Dauphine, Marie-Josèphe de Saxe.

Jeton de 1755.

Cœli enarrant gloriam. — Barthelier.

Cœli munus. (*Un ange apporte un enfant à la France agenouillée.*) — Naissance de Louis XIV, en 1638.

Jeton de Louis XIII.

Cœli solique munere. — Maréchal d'Audeux, à Besançon. (Porte des grappes de raisin.)

Jetons de 1665 à 1671.

Cœlo et vigilantia. — Marin, à Besançon. (Porte un coq surmonté de deux croissants.)

Jeton de 1669.

Cœloque soloque. — Maréchal.

Cœlo rex vindice tutus. (*Fleur de lys entourée de rayons, placée sur une haute montagne; de chaque côté, des nuages orageux.*)— Henri IV.

Jeton de 1603.

Cœlo tuta quies. — Joly de Maizeroy.

Cœlum, non solum. — Moges-Buron. — De Moges, en Normandie.

Cœlum non vulnera. — Du May.

Cœlum virtute. (*Une massue et une peau de lion.*) — François, duc d'Anjou (porta d'abord le nom d'Hercule).

Jetons de 1563 et 1565.

Cœur et courage font l'ouvrage. — Balch.

Cognoscat ex ungue leonem. — Le Veyer ou Vayer, en Bretagne. (Porte un lion.)

Cognoscunt me meæ. (*Des brebis.*) — Le roi d'Angleterre Jacques III, à Saint-Germain.

Jeton de 1710.

Colliget avus. — M. Élie de Beaumont, seigneur de Canon, en Normandie. — Prix pour le bon chef de famille.

Médaille et jeton.

Colligit ut spargat. — Rollin, marchand d'antiquités et de médailles, à Paris, de nos jours.

Cachet.

Col. Nem. (*Colonia Nemausensis.*) — Légende accompagnant les armes de la ville de Nîmes.

Cominus et eminus. — *Louis XII, avec le porc-épic.* « Ce prince voulait marquer, par le porc-épic, qu'il ferait sentir de *près et de loin* à ses ennemis, ce que pouvait une puissance comme la sienne, le porc-épic ayant ces deux propriétés de piquer de près, en se jetant sur celui qui l'attaque, et de loin, en lançant ses éguillons. » (*Le P. Bouhours.*) Cette devise se portait dans les drapeaux et sur les médailles de ce roi.

COMINUS ET EMINUS. — Devise de l'ordre du Porc-Épic, établi en 1393 ou 1394 par Louis de France, duc d'Orléans, aboli par Louis XII.

COMINUS ET EMINUS FERIUNT. — Le Rodellec en Bretagne. (Porte des flèches.)

COMME JE FUS. — More. — Baron Ward. — Le comte Dudley (Grande-Bretagne).

COMME JE TROUVE. — Butler, vicomte de Thurles, baron Arklow, comte d'Ossory, marquis et comte d'Ozmond (Grande-Bretagne).

COMPENSAT, ÆQUAT, VENDICAT. — Devise accompagnant les armes du parlement de Normandie établi à Rouen. (*D'hermines, à une épée en pal, la pointe en haut et servant de support à une paire de balances, avec un sceptre et une main de justice posés en sautoir et brochant sur le tout.*)

– COMZIT MAD. (*Parlez bien.*)— Buzic, en Bretagne.

CONATUM JUSTUM DEUS ADJUVAT. (*Épée enfilant une couronne, tenue par une main armée.*) — S. de la Brière, prévôt des maréchaux, à Châteaudun.

Jeton de 1671.

CONCORDIA CRESCENT. (*Trois fleuves épanchant leurs eaux.*) — Le canal de Briare.

Jetons de 1742, 56, etc.

CONCORDIA, INTEGRITAS, INDUSTRIA. — Rothschild.

CONCORDIA NOVO SANGUINIS NEXU FIRMATA. (*La Concorde et l'Hymen auprès d'un autel.*) — Mariage de Marie-Antoinette avec le Dauphin.

Jeton allemand de 1770.

CONCORDIA RES PARVÆ CRESCUNT. (*Une foi.*) — La ville de Cambrai.

Jeton de 1580.

CONCORDIA RES PARVÆ CRESCUNT. (*Une aigle sur un cippe, tenant sept flèches.*) — Louis Elsevier, imprimeur, mort en 1617.

CONCORDIA VICTRIX. — Du Fossez.

CONCUSSUS SURGO.— Un ballon à jouer était

porté en devise par l'amiral Chabot avec les mots ci-dessus. — De même pour le duc de Rohan-Chabot, pair de France (Poitou et Bretagne).

Jeton de 1792.

CONFUNDANTUR ET NON CONFUNDAR. (*Une roue de Sainte-Catherine, disposée comme un treuil.*) — Catherine de Médicis, alors Dauphine et duchesse de Bretagne.

Jeton.

CONSCIA MENS RECTI. — De Schultz.

CONSCIENTIA ET FAMA. — Pierre de La Grange. — Boivin, en Franche-Comté.

CONSCIENTIA RECTA NIHIL TIMET. — De Saint-Souplis, en Ponthieu.

CONSCIENTIA VIRTUTI SATIS AMPLUM THEATRUM EST. — Charles Fevret, en Bourgogne.

CONSEQUITUR QUODCUMQUE PETIT. — Diane de Poitiers, duchesse de Valentinois (*avec un dard, tiré de ses armes*). « La pensée de cette dame était de faire connaître qu'elle avait beaucoup de crédit et que, comme un dard poussé par une main adroite atteint le but où il va, elle ne manquait point d'obtenir ce qu'elle demandait. » (*Le P. Bouhours.*)

CONSILIA PACIS CONCORDIA FIRMET. (*Vase contenant des cœurs d'où s'échappent des branches de laurier entrelacées.*) — Plénipotentiaire de l'Autriche à la paix de Cambrai.

Jeton de 1721.

CONSILIO ET VIRTUTE. — Pozzo di Borgo. — Macquart.

CONSILIO MANUQUE. (*Trois coupes d'or et un scalpel.*) — Les chirurgiens de Paris.

Jetons.

CONSTANTER. — Le cardinal de Granvelle.

CONSTANTER VIGIL. — Baron d'Eger, en Allemagne.

CONSTANTIA ET ZELO. — Comte Pahlen, en Russie.

CONSTANTIA, JUSTICIA ET FIDELITATE. — De Coutances, en Touraine et Bretagne.

CONSULTORUM SOLIDITAS. (*Terme à quatre têtes sur un cube.*)

Médaille de Besançon, de 1665.

CONTENTA SUO MEDIOCRITAS. — Petremand de Valay, à Besançon.

Jeton de 1648.

CONTENTEMENT PASSE RICHESSE. — Bowyer, baronnet (Grande-Bretagne).

CONTINUÒ. — Gaudot, à Besançon.

Jeton de 1627.

CONTRA HOSTEM SURRECTUS. — Bourguignon-Lamure.

COR BELLO PACEQUE FIDUM. — La société de *l'Arquebuse*, de Corbeil.

Jeton de 1757.

CORDA SERATA PANDO. — Baronnet Lockhart, en Angleterre; une branche de cette famille existe dans l'Orléanais. (Porte un cœur enclos dans un cadenas.)

CORDE ET ANIMO. — P. Filioli, archevêque d'Aix, 1505-1540.

Jetons.

CORDE GERO QUOD CORDE COLO. — La ville de Besançon. (Porte une aigle tenant dans ses serres les colonnes d'Hercule.)

Jeton de 1666.

COR INVIOLABILE RARUM. — Corraro, à Venise.

CORONABITUR LEGITIME CERTANS. — Devise de l'ordre de la Couronne-royale, institué en 802 par Charlemagne.

CORONABO. — Hennequin, en Champagne et en Bretagne.

COUCHY A LA MERVEILLE ! (*Cri.*) — Coucy-Châteauvieux. — Le baron de Coucy, en Vermandois.

COURAGE. — Buchon. — Baronnet Cuming-Gordon, en Angleterre.

Cachet.

COURAGE ET LOYAUTÉ.—De la Tour du Pin, en Dauphiné et Bretagne.

COURAGE ET PEUR. — Darbon.

COURAGE SANS PEUR. — Le vicomte Gage, en Irlande.

COURS SANS CESSE. — Coursant.

COURTOISIE, BONNE AVENTURE. — Musset. — Alfred de Musset.

COURTOISIE CONVIE, RUSTICITÉ NUIT. — Courtois, en Bretagne.

CRAIGNEZ HONTE. — Cavendish-Bentinck, duc de Portland (Grande-Bretagne).

CRAINDONS LA MORT, MIEUX EN AURONS. — Raoul de Lannoy, seigneur de Folleville, etc., mort en 1508.

Devise sur son tombeau.

CRAINS LE TOURBILLON. — L'Estourbeillon, en Bretagne.

Crainte de dieu vaut zèle. — Devise prise par Jean de Vauzelles, l'auteur d'une histoire évangélique, et dont il se servait parfois pour déguiser son nom.

Credant a fonte relapsum. (*Une fontaine jaillissant sous les pieds de l'agneau*, qui figure dans les armoiries des Séguier.) — Pierre Séguier, chancelier de France.

Jeton de 1641.

Crede biron. — Gontaut-Biron.

Credula turba sumus. — Leusse.

Cremons (*craignons*) lannoi, mieulx en aurons. — Raoul de Lannoi, sieur de Morvilliers, gouverneur de Gênes, sous Louis XI, etc.

Jeton.

Crescam et lucebo. (*Un croissant.*) — L'académie de Bordeaux.

Jetons et médailles.

Crescam laude recens. — Jean Gaston, petit-fils de Gaston d'Orléans, duc de Toscane. (*Le duc, vêtu à l'antique, recevant le sceptre et la couronne.*)

Jeton.

Crescat flos debitus astris. — Jacques Thomas de Varennes.

CRESCENT, CRESCETIS AMORES. (*Deux palmiers s'inclinant l'un vers l'autre.*) — Marie-Adélaïde, duchesse de Bourgogne.

Jeton de 1698.

CRESCENTUR AD SIDERA. — Gaultier, en Anjou et Bretagne. (Porte une rose, accompagnée en chef de deux étoiles, et en pointe d'un croissant.)

CRESCIT ET SUPERAT MALIS. — P. Terrion, maire de Dijon.

Jeton de 1642.

CRESCIT IN ARDUIS. — Cardon (Flandre).

CRESCIT VIRTUS IN PERICULO. — Dumaitz de Goimpy.

CRESPITANTEM EXCITO. — Gaigne d'Ornée (Barthelemy).

CRIC A MOLAC! (*Cri.*) — Molac (Le sénéchal de Kercado de). — De Laigue dit que c'est une devise et non un *cri*, qui signifie *paix* ou *silence à Molac*.

CROISILLES! (*Cri.*) — Canny *ou* Cany. — Lalaing.

CROIS SUR TROIS MONDES. — Le Bouteiller de la Houssinière, en Bretagne. (Porte trois mondes croisetés.)

CROYEZ BIRON CONSTANT DANS L'INFORTUNE. — Prince de Biron.

CROY SALVE TRETOUS. — Croy. — Les descendants du roi André II, de Hongrie.

CRUCE CREVIT ET HASTA. — Pierre d'Hardivilliers, archevêque de Bourges.

Jeton de 1643.

CRUCEM TUAM ADORAMUS, DOMINE. — Madeleine d'Albret, comtesse de Nevers et de Dreux.

Jeton du XVIe siècle.

CRUCI REGIQUE FIDELIS. — De Gévaudan, en Languedoc.

CRUORE CHRISTI CORUSCO. — Burle.

CRUX ANCHORA SALUTIS. — Du Dresnay, en Bretagne. (Porte une croix ancrée, etc.)

CRUX CŒLORUM, CRUX MIHI CLAVIS ERIT. — Crozat.

CRUX, DECUS ET SPES. — Girard du Demaine.

CRUX DUX CERTA SALUTIS. — Pantin, en Anjou et Bretagne. (Porte une croix.)

CRUX EST SIGNUM CHRISTI, LILIA SUNT MARIÆ. — Saint Mauris en montagne.

CRUX MICHI SOLA EST. (*Croix.*)

Jetons de la ville de Bourges, au XVIe siècle.

CRUX MIHI SPES ET HONOR. — Gouyon, en Bretagne. (Porte une croix.)

CRUX SPES MEA. — De Mellon, en Bretagne. (Porte des croix patées.)

CUI PATER ÆTERNAS POST SÆCULA TRADAT HABENAS, CUIQUE REGAS ORBEM CUM SENIORE SENEX. — Le Grand Dauphin, fils de Louis XIV.

Jeton de 1662.

CUJUS EST REDDITE. (*Vue des Iles Britanniques d'un côté, et de l'autre le buste du roi Jacques II.*) — Jacques II, roi d'Angleterre, réfugié à Saint-Germain.

Jeton et médailles.

CUM ARCA. — De Comarque, en Périgord, Auvergne, Guyenne.

CUM PIETATE JUNCTÆ. — De Jouffroy, à Besançon.

Jetons de 1665 à 1667.

CUM PUNDERE VIRTUS. — Jean de Montpezat de Carbon, archevêque de Bourges. (Porte des balances.)

Jeton de 1666.

CUM VIRTUTE DIU STABIT HONOS. — Baudinet, maire de Dijon.

Jeton de 1727.

CUM VIRTUTE NOBILITAS. — Labroue.

CUNCTA ADAMUSSIM. — Le Compasseur.

CUNCTANDO FIRMITAS. — De Baümen.

CUNCTANTER ET PROPERÈ. — Chandiot, à Besançon. (Porte des levrettes.)

Jetons de 1665, 66, 69.

CUNCTA RATIONIBUS COMPONUNTUR. — La chambre des comptes de Blois.

Jetons de 1561, 71, 75.

CUNCTA SUB FAUSTO SIDERE FLORENT. — Baudinet, maire de Dijon.

Jeton de 1719.

CUNCTIS NOTA FIDES. — La maison de Bastard, originaire de Bretagne, établie en Berry, en Guyenne, dans le Maine et en Devonshire, porte, par concession de Charles VII, la devise ci-dessus ; cette maison avait aussi l'ancien cri *Diex aie !*

CURA QUOD ACQUISTI. — Drujon de Beaulieu.

CURRIT AC HORTATUR, SPIRITUS ET RECTÈ. — C. le Gouz, seigneur de Gurgy et Vellepesle, receveur pour la Ligue en Bourgogne.

Jeton du XVIe siècle.

CURRUNT EXEMPLO MAJORUM. — C. Bossuet, maire de Dijon. (Porte des roues.)

Jeton de 1647.

CUR SENIO PRÆLATA JUVENTUS? (*Un serpent dépouillé de sa vieille peau.*) — Louis de la Trémouille. Ce capitaine se plaint de ce que, contre son avis, l'on suivit l'ardeur des jeunes gens pour donner la bataille de Pavie, où il mourut. (*Le P. Anselme.*)

CURVATA RESURGET. (*Le soleil éclairant des épis inclinés.*) — États de Bourgogne.

Jeton de 1692.

CUSTODI NOS, DOMINE. — Du Bourblanc, en Bretagne.

CUSTODIT NOCTE DIEQUE. — Devise de Louis-François Jeoffroy, échevin de Metz (1690), dont les armes portent un coq.

Jeton de 1690.

CUZ HA TAO. (*Dissimule et te tais.*) — Pavic, en Bretagne.

Cygnus aut victoria ludit in undis. — Tremoleti de Montpezat.

Cy que soit, croy. — Croy.

Jeton de 1541.

D

Dabit Deus his quoque finem. — Des Monts.

Da gloriam Deo. — De Joux, en Franche-Comté. — Bonvallet.

Da l'ardore, l'ardire. (*Une fusée volante.*) — Le maréchal de Bassompierre.

Dant adversa decus. (*Étoile rayonnante, entourée de nuages.*) — Henri de la Tour, duc de Bouillon. — Boylesve, maire d'Angers, en 1638.

Jeton.

Dant animos plagæ. (*Avec un cheval barbe courant.*) — Les *Incitati*, à Rome.

D'ardant désir. (*Des réchauds pleins de

charbons ardents.) — Devise particulière de René d'Anjou, roi de Sicile et de Jérusalem.

DATUS EST MIHI DECOR CARMELI. (*Le mont Carmel.*) — Laurent Cottereau, imprimeur, mort en 1648.

DAT VIRTUS QUOD FORMA NEGAT. (*Un rhinocéros.*) — Bertrand Duguesclin. — « Ce connétable n'était pas beau, mais vaillant. » (*Le P. Anselme.*)

DA VAD È TEUI. (*Tu viendras à bien.*) — Du Chastel, en Bretagne.

DE BIEN BOIRE SOIT MÉMOIRE. — Sur un jeton anonyme de Charles le Téméraire, duc de Bourgogne.
Cuivre.

DE BIEN EN MIEUX. — Chateauvillain. — De Poulmic, en Bretagne.

DE BON CŒUR. — De Coëtanscours, en Bretagne.

DE BON VOULOIR SERVIR LE ROI. — Baronnet Grey, en Angleterre. — Bennet (comte de Tankerville, baron d'Ossulston).

DE BOUT EN BOUT. — Bout.

DE CETTUY-CY, DE CETTUY-LA, J'ACCORDE LES COURONNES. — De Goulaine, en Bretagne.

DE CHARBON CHEVANCE. — Lymare Charbonnier.

DE CŒUR ET DE BOUCHE TEL. — Bochetel, en Berry et Bretagne.

DECUS ET HONOR. — La ville de Châlons-sur-Marne.

Jetons de 1754.

DECUS ET TUTAMEN. — L'Espine.

DECUS ET TUTAMEN AB ARMIS. (*Palmes et lauriers sortant d'une cuirasse.*) — Roger de Bellegarde, premier gentilhomme de la chambre du roi, grand écuyer de France.

Jeton de 1602.

DEDERIT NE VIAM, CASUS VE, DEUS VE. — Devise accompagnant les trois alerions de Lorraine.

DEDIT ÆMULA VIRTUS. — Gautier de Valabres.

DEDIT HÆC INSIGNIA VIRTUS. — Duguay-Trouin, en Bretagne. (Porte une ancre et des fleurs de lys.) — Lefèvre de la Fautradière, de Beaufort.

DEDIT ILLI NOMEN QUOD EST SUPER OMNE NOMEN. — Henri de Jarniost.

Défends-toi ! (*Cri.*) — Kerancouat. — De Rosnyvinen, en Bretagne. (Porte une hure de sanglier.)

De gilart servant. — Gilart, au Maine et en Bretagne.

De grands fachs resplend la ciovtat de marseille. — La ville de Marseille, d'après un sceau de 1257.

De hors cest anel povrrions avoir amovr? — « Saint-Louis prit pour devise au temps de son mariage une bague entrelacée d'une guirlande de lys et de marguerites pour faire allusion à son nom et à celuy de la reine son épouse, et mettant sur le chaton de cet anneau l'image d'un crucifix gravée sur un saphir, accompagnée des mots ci-dessus. » Cette devise était encore sur l'agraffe du manteau qu'il portait le jour de ses noces, laquelle agraffe était conservée dans le monastère royal de Poissy. (*Le P. Menestrier.*)

Dei et regis antiquus amor. — Briot de la Mallerie, en Bretagne.

Dei gratia et avito jure. — Du Val-Bonneval. — Duval, de l'Escaude (Normandie).

Dei gratia sum id quod sum. — Noël des Landes, blaisois, évêque de Tréguier en 1635.

DEI GRATIA SUM QUOD SUM. — Galard de Béarn (Béarn).

DELPHINO TUTIOR IBIS. (*Dauphin enlacé autour d'une ancre, surmontée d'une couronne de lauriers, et autrement, Arion sur son dauphin.*) — Henri IV.

Jetons de 1605 et 1610.

DE MIEULX EN MIEUX MOX. (*Mox, Moy.*) — Jeanne de Moy, femme de Joachim de la Baume, comte de Châteauvillain, gouverneur de Bourgogne..

Jeton vers 1550.

DEN A GALON A ZO DOUGET. (*L'homme de cœur est redouté.*) — Le Douget, en Bretagne.

DENNEWITZ, 6 SEPTEMBER 1813. — Comte Bulow de Dennewitz.

DEO AC REGI.—Nottret ou Nottrès de Saint-Lys.

DEO DUCE, COMITE GLADIO. — Le marquis d'Angosse, pair de France.

DEO DUCE, FERRO COMITE. — Blaise de Mont-Luc. — La Roche-Fontenilles.

DEO ET CÆSARI FIDELIS PERPETUÒ. — 2e devise de la ville de Besançon.

DEO ET PATRIÆ. — Flusin, à Besançon.

Jetons de 1648 et 1667.

DEO ET REGI. — Labina. — Labina de Baussen.

DEO ET REGI FIDES IMPAVIDA. — Hutteau d'Origny.

DEO FAVENTE. — Camelin.

DEO JUVANTE. — Châteauneuf-Randon. — Grimaldi, prince de Monaco.

Médailles.

DEO JUVANTE ! (*Cri.*) — Varagne ou Varange.

DEO REGIBUSQUE SEMPER UT OLIM. — De Castillon, en Guyenne.

DEO, REGI ET PATRIÆ. (*La foi, l'espérance et la charité.*) — Les États d'Artois.

Jeton de 1697.

DEO, REGI, PATRIÆ, PIETAS ET FIDES. — Boffin.

DEO REGIQUE SEMPER SACRA. — De Chaillot, en Franche-Comté.

DE PEU ASSEZ. — Poulpiquet (Bretagne).

DE PRÈS ET DE LOIN. — Giraud de la Bigeotière, en Bretagne. (Porte des croissants.)

DE RIEN JE NE M'ESMAYE. — Mesmay.

DESCENDE UT ASCENDES. — Devise d'Alphonse de Berghes, sur un jeton de cuivre de 1689.

DESCORDES! (*Cri.*) — Gillon. — Le Doynée.

DESERUISSE JUVAT MARE. (*Une perle hors de sa nacre.*) — Faite pour Marguerite d'Autriche, reine d'Espagne, après sa mort.

DÉSIR N'A REPOS. — Caulincourt.

DÉSIR SANS VANITÉ. — Challudet.

DE SOURDEAU HAYNE AUX VILAINS. — Sourdeau de Ramignies-Chin.

DE TOUS CHATEAUX PORTIER. — Portier.

DE TOUTES LES SAISONS L'ESTÉ ME PLAIT. — D'Estey, en Franche-Comté.

DE TOUT ET UNE POSE. — De la Fruglaye, en Bretagne.

DE TOUT ME TAIS. — Theis.

DE TOUT MON CŒUR. — Boileau de Castelnau.

DE TOUT TEMPS COETLOGON. — De Coetlogon, en Bretagne.

De tout temps immémorial. — Collas, en Bretagne.

Deum time. — Armuet de Bonrepos. — Validire, en Bretagne.

Deus adest primo christiano. — De Bauffremont, en Franche-Comté.

Deus comes casus in omnes. (*Main tenant un bourdon de pèlerin dans un champ sémé de coquilles.*) — Laurent Alleman, évêque et prince de Grenoble.

Jeton du XVI*e siècle.*

Deus et honos. — Gaillard de Baccarat.

Deus et meus rex. — Pigniol.

Deus et rex. — Cosne de Cardenville. — Aloiset de Maisières, en Franche-Comté.

Deus exaltat humiles. — Devise de l'ordre du Genêt, en France.

Deus fortitudo mea. — De Mesgrigny, en Champagne.

Deus, honor et gloria. — Comte de Jakoloff.

Deus meus... omnia sunt. — Le Mintier, en Bretagne. (Porte une croix.)

DEUS MIHI ADJUTOR, NON TIMEBO QUID FACIAT MIHI HOMO. — De Brachet, à Orléans.

DEUS NOBIS HÆC OTIA FECIT.—Blaise de Vigenère, traducteur, secrétaire du roi Henri III. Sur ses livres et sur son portrait. — Claude d'Expilli, président au parlement de Grenoble, puis procureur général de Chambéry, l'ami et le protecteur des gens de lettres.

Sur un jeton de 1629.

DEUS, REX ET PATRIA. — Bourcourd (P.-B.).

DEUS, REX, HONOR. — Chauveton.— Saint-Léger.

DEVANT SI JE PUIS. — Baronnet Mainwaring, en Angleterre.

DE VENDEUIL NOUS SOMMES. — Clérembaut de Vendeuil.

DE VENTRE MATRIS MEÆ TU ES, DEUS, PROTECTOR MEUS. — Devise de Sixte-Quint.

DEXTERA DOMINI FECIT VIRTUTEM. — Maridat.

DEXTERA FECIT VIRTUTEM, DEXTERA SALVABIT ME. — Potier de Gesvres, etc., à Paris et en Bretagne. (Porte des mains.)

DEXTRA DOMINI FACIT VIRTUTEM. — Jacques

Potier de Novion, évêque d'Évreux, de 1681 à 1709. Sur une plaque de cheminée en fonte, à ses armes.

DEXTRA LILIUM SUSTINET. — Bouffier.

DIEU AIDE ! (*Cri de guerre.*) — Les seigneurs de Montmorency. D'après un armorial de 1300, cité par André Du Chesne.

DIEU AIDE ARBOIS. — La ville d'Arbois.

DIEU AIDE AU PREMIER BARON CHRÉTIEN ! — Les Montmorency.

DIEU AIDE AU PREMIER CHRÉTIEN. — Le duc de Bauffremont, pair de France.

DIEU AIDE AU SECOND CHRESTIEN. (*Un navire voguant sur les ondes, surmonté, en haut de la hune, d'un nuage d'où sortent deux mains, l'une qui tient une épée, et l'autre une triple croix trefflée qui est le bâton pastoral du pape, avec les mots ci-dessus.*) — 2e devise de la maison de Ventadour-Levy.

DIEU A NOUS ! (*Cri de guerre.*) — Barville.

DIEU AVANT. — De Kermavan ou Carman, en Bretagne.

DIEU AVEC NOUS. — Le comte Berkeley, en Angleterre.

DIEU AYDE. — Comte de Montmorency-Morres, en Irlande.

DIEU AYDE AU GARDIEN DES ROYS. — De Grammont-Granges, en Franche-Comté.

DIEU AYDE AU MORE CHRÉTIEN. — Moroges.

DIEU AYDE AU PREMIER CHRESTIEN. — De Beaufremont (Bourgogne).

DIEU AYDE QUI S'AYDE. — Sauvaget, en Bretagne.

DIEU AYE. — Guiton.

DIEU D'ABORD. — De Penguern, en Bretagne.

DIEU DÉFEND LE DROIT. — Le duc de Malborough (Angleterre). — Le comte Spencer (Angleterre). — Le comte de Zeppelin (Allemagne). — Le Duc.

DIEU EN AYDE. — Dion de Vandonne.

DIEU EN SOIT GARDE. — La ville de Reims.

DIEU EN SOIT LA GARDE. — Brigode (Flandres).

DIEU EST LA FIN DE MON COMPTE. — Françoise d'Alençon, duchesse de Vendomois et de Beaumont.

Jeton du XVIe *siècle.*

DIEU EST TOUT. — De Corn, en Quercy et Limousin.

DIEU ET LE ROI. — Vassoigne (Saintonge). — Cathelineau, général vendéen. — L'abbé de Layrolle, nommé évêque de Perpignan en 1817.

DIEU ET MON COURAGE. — Chaton, en Bretagne.

DIEU ET MON DROIT. — Devise des rois d'Angleterre. — « Ce fut vers l'an 1340 que le roi Edouard III, voulant faire valoir ses prétentions sur le royaume de France, mit au bas de son écu, sous les armes de France et d'Angleterre écartelées, ce cri que l'on y voit encore, pour exprimer sa confiance en Dieu et dans la justice de sa cause. » (*Saint-Allais.*)

DIEU GARDE LE PÈLERIN. — Devise particulière du maréchal de Gié, de la maison de Rohan.

DIEU LA CONDUISE. (*Une barque dont la voile est semée d'hermines, avec la légende ci-dessus.*) — Vincent Forest, imprimeur à Nantes.

Dieu l'a permis. — Saillans.

Dieu le veut. — Foullon.

Dieu, l'honneur. — Du Fou, en Bretagne.

Dieu lo volt. — Castillon (de).

Dieu m'aime. — De Kerénec, en Bretagne.

Dieu me conduise! — Le baron Delaval, en Irlande.

Dieu me tue. — Gourio. — De Guicaznou, en Bretagne.

Dieu moi aide. — Le Groin.

Dieu seul mon joug est. — Mont-Jouet.

Dieu soit loué! — De Kerhoent ou Querhoënt, en Bretagne.

Dieu soit loué de tout. — Journe, en Ponthieu. — Le Vasseur, à Abbeville, en 1401.

Dieu soit ma guide. — J. Jacquinot, maire de Dijon.

Jeton de 1600.

Dieu sur le tout. — Thepault.

Dieu y pourvoira. — De Goësbriant, en Bretagne. — Le marquis Suffren-Saint-Tropez, pair de France.

DIEX AIE. — De Guiton, en Normandie et Bretagne.

DIEX AVANT. — Kermavan, ou Carmen, ou Kerman.

DIEX EL VOLT. — Savonnières. — Vauxdimes. — De Belleval, en Ponthieu.

DIEX LE VOLT. — Dieuleveult, en Normandie et Bretagne. — De Castillon, en Bordelais. — De Champeaux, en Bretagne, Franche-Comté, Champagne et Bourgogne.

DIGNUM LAUDE SENEM VETAT MORI. — M. Élie de Beaumont, seigneur de Canon en Normandie. — Prix pour le bon vieillard.

Médaille et jeton.

DIGNUS MAJORE CARINA. (*Un grand mât dans un petit navire.*) — Olivier de Clisson. « Le courage de ce connétable lui fit quitter le parti du duc de Bretagne, pour prendre celui du roi de France. » (*Le P. Anselme.*)

DINAM. (*Sans tache.*) — Du Bourblanc, en Bretagne.

DIONYSIUS, GALLIARUM APOSTOLUS. (*L'image de saint Denys.*) — Denys Thierry, imprimeur, mort en 1657.

Dirigit et firmat. — Devise accompagnant les armes du cardinal de Richelieu, en tête d'une épître dédicatoire.

Discite justitiam moniti. — La Cour.

Discrimine salus. — Traille ou Treille.

Discutit ut cœlo phœbus, pax nubila terris. (*Laboureur conduisant sa charrue.*) — Pompone de Bellièvre, chancelier de France.

Jeton de 1605.

Dissimule et te tais. — Pavie, en Bretagne.

Dissipat atque fovet. — La ville de Sarrelouis.

Dissolvet et istam. (*Le soleil dissipant un nuage orageux.*) — États de Bourgogne.

Jeton de 1701.

Disulere mihi fugeo. — Bethune-Sully.

Ditat et ornat. (*Un diamant taillé et monté, posé sur un piédestal.*) — La Grande Dauphine Anne-Marie-Christine.

Jeton de 1684.

Ditat servata fides. — Briçonnet. — Jean Loisier, abbé de Citeaux.

Dites-vous. — De Mesanven, en Bretagne.

Diuturnæ fidei præmium conjugalis nexus amoris. (*Deux colombes en regard.*)— L.-A.-C. Du Port, président à mortier au parlement de Dijon, et M.-C. de Loriol.

Jeton du XVIIIe siècle.

Diva se jactat alumna. (*Un lys.*) — Autre devise donnée à Anne d'Autriche, reine de France.

Dives opum variarum. (*Un oranger couvert de fleurs et de fruits.*) — La Grande Dauphine Anne-Marie-Christine.

Jeton de 1686.

Dleet eo ar guir d'an déauguer. (*Le droit est dû au dîmeur.*) — Le Déauguer, en Bretagne.

Domine probasti.—« Devise élevée en émail blanc sur des ovales d'or du collier de l'ordre militaire du *Sang de Jésus-Christ*, institué en 1608, par Vincent de Gonzague, quatrième duc de Mantoue, et le second de Montferrat. » (*Hermant.*)

Domine ut videam. — Arbaleste de Villargeault.

Dominum cognoscite vestrum. — Le roi d'Angleterre, Jacques III, prétendant.

Jeton de 1710.

DOMINUS ILLUMINATIO MEA ET SALUS. — Devise inscrite sur les monnaies de Gaston de Foix et de François Phebus, seigneurs de Bearn.

DOMINUS IN CIRCUITU. — Richard, en Bretagne.

DOMINUS MEUS ADJUTOR, NON TIMEBO QUID FACIAT MIHI HOMO. — Devise prise par Charles II, dit le Mauvais, roi de Navarre et comte d'Evreux, inscrite sur une monnaie, espèce de gros tournois d'argent.

DOMINUS MICHI ADJUTOR. — Devise sur une maison de Rouen, rue de l'Hôpital, nº 1, gravée en lettres romaines. (*De la Querrière.*)

DOMINUS MIHI ADJUTOR. — Devise du pape Paul IV, de la maison des Caraffes. — Le roi de Danemark.

DOMINUS PROTECTOR VITÆ MEÆ A QUO TREPIDABO. — De Breda-Wassenaer (Picardie, Ile-de-France, Normandie, Pays-Bas).

DOMITORES PRINCIPUM, AMATORES JUSTITIÆ, DEFENSORES SANCTÆ ROMANÆ ECCLESIÆ. — Devise sur le drapeau des Suisses combattant les Français en Italie, en 1513.

Domus mea domus orationis est. — D'Oraison.

Donec jove missus ab ipso. (*Trophée de lances et drapeaux repliés.*) — A Blois.

Jeton de 1636.

Donec totum ambiat orbem. (*Une couronne d'or.*) — Les Dupuis, imprimeurs, XVIIe siècle.

Donec totum compleverit orbem. (*Un croissant dont les cornes se rejoignent.*) — Henri, dauphin, duc de Bretagne; depuis, Henri II.

Jeton.

Donec totum impleat orbem. — Devise de Henri II, roi de France, accompagnée d'un et quelquefois de trois croissants entrelacés. « Signifiant, à l'égard de la lune, jusqu'à ce qu'elle remplisse tout son cercle de lumière, et, à l'égard de Henri, jusques à ce qu'il remplisse tout le monde de la gloire de son nom. » (*Le P. Bouhours.*) « D'autres ont escrit qu'il prit cet emblème à raison de l'affection qu'il portoit à Diane de Poitiers, duchesse de Valentinois. » (*Le P. Anselme.*)

Sur plusieurs jetons.

Dormit unus, vigilat alter. (*Deux dogues*

et deux oies gardant une tour.) — J. de Frasans, maire de Dijon.

Jeton de 1608.

DOUBTER N'EN FAULT, RENESSE. — Renesse.

Jeton du XVIe *siècle.*

DOUÉ ARAOG. (*Dieu avant.*) — De Kermavan ou Carman, en Bretagne.

DOUÉ DA GUENTA. (*Dieu d'abord.*)—De Penguern, en Bretagne.

DOUGLAS, A DOUGLAS ! (*Cri.*) — Douglas, en Écosse et en France.

DOURS ! (*Cri.*) — Les sieurs de Quierieu, de Vers, en Corbiois.

DOVE É GRAN FUOCO ÉS GRAN FUMO. — Lautrec (Odet de Foix).

DRAGON ! (*Cri.*) — Longueval-Bucquoy.

DRÉ AR MOR. (*Au delà des mers.*)— Autret, en Bretagne.

DROIT DIRE DE CŒUR. — Didier de Récourt, seigneur de Rivière.

DROIT EN AVANT. — Devise de Fownshend, vicomte Sydney (Grande-Bretagne).

DROIT ET AVANT. — Le vicomte Sydney, en Angleterre.

DROIT ET LOYAL. — Vanneck, baron Huntingfield. — Le comte de Leicester (Grande-Bretagne).

DROIT QUOY QU'IL SOIT. — Cavasso, en Piémont. — Allusion à la truite en bande qu'il porte dans ses armes, parce que ce poisson va presque contre le fil de l'eau, quelque rapides que soient les courants. (*Menestrier.*)

DU BIEN LE BIEN. — Lelieur, de Rouen.

DUBIUS EVENTUS BELLI. — Belli.

DU BOURG EN LA CITÉ. — Du Bourg.

DUCE ET AUSPICE. — Devise des chevaliers de l'ordre du Saint-Esprit, établi par Henri III, vers la fin de l'an 1578.

DUCE NON ERRAMUS OLYMPO. — Carvoisin.

DU CŒUR DE GENTIL. — Gentil.

DULCE EST MEMINISSE LABORUM. — Comte de Rumfort, chimiste.

DULCE ET DECORUM EST. — La Baume-Suze.

DULCE MEUM TERRA TEGIT. (*Avec une plante de réglisse dont la racine était en terre.*) — Devise que prit autrefois Marie Stuart après la mort de François II, son premier mari. (*Le P. Bouhours.*)

DULCIA MIXTA MALIS. (*Une ruche.*) — Philippe de Croy, duc d'Arschot, marquis de Renty.

Médaille du XVIe *siècle, vers 1560.*

DULCIS EX ASPERIS. — Ferguson.

DULCIUS VIVEMUS. — Devise en chronogramme des États de Cambrai.

Jeton de 1677.

DULCIUS VIVIMUS. — Devise en chronogramme des États de Cambrai.

Jetons de Louis XIV, Louis XV. 1678.

DUM CLAVUM TENEAM. — Villemur ou Villemor.

DUM FERVET OLLA, FERVET AMICITIA. (*Une marmite qui bout sur le feu.*) — De Montbourcher, en Bretagne. (Porte trois marmites.)

Jeton de 1656.

DUM MERGOR, MERGO. (*Un aiglon éployé, couronné, sortant du sein de la mer.*) — Louis de Lorraine, abbé de Saint-Denis, en France.

Jeton de 1600.

DUM NASCOR FIO, FIOQUE DUM MORIOR. — Fyot de Barain (François).

DUM SPIRO, SPERO. — Villaines de Saint-Aubin. — Robert de Lignerac. — De Caylus, pair de France. — Le comte Buttler de Clonebuch. — Le baron de Dillon.

DUO PROTEGIT UNUS. (*Une épée nue couronnée, posée sur deux sceptres posés en sautoir.*) — Autre devise d'Henri IV. Voulant faire connaître que ses armes n'avaient d'autre but que la défense de ses deux royaumes. (*Le P. Anselme.*)

Jeton de 1595. — Médaille de 1591, etc.

DUPLEX ME PURPURA VESTIT. (*Arbre enlacé par une vigne, planté dans une caisse aux armes de la ville, dont le champ est de gueules.*) — Ph. Jannon, maire de Dijon.

Jeton de 1695.

DU PLUS HAUT SAILLY. — Sailly.

DURAS! (*Cri.*) — La famille de Durfort-Duras.

DURAT CUM SANGUINE VIRTUS AVORUM. — Françoise-Gabrielle de Froullay de Tessé, abbesse de Caen, en 1698. (A pour cimier un pélican.) — Baptendier.

DURATE. (*Un vaisseau battu des flots au milieu de la mer.*) — Devise du cardinal de Granvelle. « Voulant montrer que son esprit demeurerait toujours immobile et constant contre les mouvements et disgrâces de la fortune. » (*Le P. Anselme.*)

Jetons et médailles.

DURIS DURA FRANGO. — Levis. « La maison de Ventadour-Levy a quelquefois eu pour sa devise deux épées passées en sautoir la pointe en haut, une desquelles est rompue en deux pièces avec les mots ci-dessus. » (*La Colombière.*)

DURUM PATIENTIA FRANGO. — Wignacourt.

DUX BURGUNDIÆ 1340 MIHI DEDIT. — Waroquier.

E

EADEM MENSURA. — Leval.

ECCE MANUS DOMINI SUPER NOS. — Léon Potier de Gesvres, archevêque de Bourges. (Porte des mains.)

Jeton de 1694.

Ecce patr. bitur. genio. — Michel Poncet, archevêque de Bourges.

Jeton de 1676.

Ecclesiæ securitas. — Le Mée, en Bretagne. (Porte deux ancres au pied d'une croix.)

E che non puote amore? (*Et que ne peut l'amour?*) — Jean de Médicis.

Eget arte regentis. (*Un vaisseau.*) — États de Bourgogne.

Jeton de 1644.

Eget arte regentis. (*Plutus conduit par Mercure.*) — États de Bourgogne, 1580. — Argenterie du roi, 1580.

Jetons.

Ego et domus mea serviemus domino. — Le président de La Moignon.

Eh! dieu, aydez-moi! (*Cri.*) — La Palu.

È lauris oleas avet laureus. — Malarmé de Loray, à Besançon.

Jetons de 1624, 25.

Electis fidite. (*La justice tenant son épée et ses balances.*) — Huissiers commissaires-priseurs de Paris.

Jeton d'argent.

ELEVOR UBI CONSUMOR. — Comte Kotschubey.

ELLE GUIDE POUR L'HONNEUR. — Gailhac.

ELLE MÉDITE ET EXÉCUTE. (*Minerve.*) — Académie de peinture, sculpture, architecture civile et navale de Bordeaux.

Jeton de 1780.

EL PIU FEDELE. — D'Elbène.

EMÉ-T-HU. (*Dites-vous.*) — De Mesanven, en Bretagne.

EMINENT UNDIQUE VIRES. — Christophle.

EMITUR SOLA VIRTUTE POTESTAS. — Estienne Arviset, maire de Dijon.

Jeton de 1616.

EN ARROUSANT. — Laigue.

EN ATTENDANT MIEUX, GERMIGNEY. — De Germigney, en Franche-Comté.

EN AVANT. (*Cri.*) — De Kerlouët ou Keranlouët (Bretagne). — De la Poix de Fréminville, en Bourgogne et Bretagne.

EN BON CHRÉTIEN. — Chrétien, en Bretagne.

EN BON CHRÉTIEN, JE VIS EN DIEU. — De Kergoët, en Bretagne.

En bon espoir. — Du Fresnay. — Hamon de Bouvet. — Kergroas ou Kergroadez. — Rosmadec de Tivarleu. — Du Dresnay. — Du Gaspern (Bretagne).

En bonne heure. — De Kergroadez. — De Kernafflen (Bretagne).

En bonne table. — Marcille, en Bretagne. (Porte des channes ou marmites.)

En bon repos. — De Guemper, en Bretagne. (Porte un léopard.)

En christen mad, mé beo en doué. (*En bon chrétien, je vis en Dieu.*) — De Kergoët, en Bretagne.

Encore ne me tenez. — Bussy.

En diavez. (*A découvert.*) — De Penancouët de Kerouazle, en Bretagne.

En dieu est. — Kerhoent de Coëtenfao. — Kerhoent de Kergournadec.

En dieu est ma fiance. — Le comte Carhampton, en Irlande.

En dieu est mon espérance. — Baronnet Gérard, en Angleterre.

En dieu est mon espoir. — De Cusack, en Irlande et France.

EN DIEU EST TOUT. — Le comte Strafford, en Angleterre.

EN DIEU MA FIANCE. — Monnier.

EN DIEU M'ATTENDS. — De Quellenec, en Bretagne.

EN DIEU MON ESPÉRANCE. — Enskerque, à Besançon.

Jetons de 1625 à 1625.

EN DIEU MON ESPOIR. — Baron de Seigneux.

EN DIEU VOTRE VOULOIR. — Feillens, seigneur de Channy et de Volagne.

EN DIEX EST. — De Kergournadec'h, en Bretagne.

EN DOUBTANT, JE M'ASSURE. — Fyot.

ENDRA BADO, BIRVIQUEN. (*Tant qu'elle durera, jamais.....*)—Huon, en Bretagne. (Porte des croisettes posées en croix.)

EN DURANT J'ESPÈRE. — Durand, en Franche-Comté.

EN DURANT JE SURMONTERAI. (*Un rocher contre lequel un vaisseau se brise.*) — Georges Durant, imprimeur, mort en 1625.

ENDURER POUR DURER. — Kerckhove (Pays-Bas). — De Lanuzouarn (Bretagne).

EN ELLE JE METS MON ESPOIR. — Grignart, en Bretagne. (Porte une croix.)

EN ESPOIR J'ATTENDS. (*Minerve entre deux dragons.*) — Les échevins d'Arras.

Jetons de 1582.

EN FEDELTA FINIRO LA VITA. — Colomb.

EN FIDÉLITÉ JE ME CONSUME. — Jacques Sandrier, lieutenant particulier en l'élection de Blois.

Jeton de 1642.

EN FORCE ET FÉAUTÉ. — Molan.

EN GRACE AFFIE. — Le baron Brudenell, en Angleterre.

EN JOUAN, POINT DE SOUCIS. — Jouan, en Bretagne.

EN LA ROSE JE FLEURIS. — Lennox, duc de Richemond, en Angleterre. — D'Aubigny, en France.

Armoriaux et jetons.

EN MOISSON LOYAUTÉ. — Moisson (Hélie), de Sey.

ENOR HA FRANQUIZ. (*Honneur et franchise.*) — Harscouët, en Bretagne.

EN PAROLE JE VIS. — Le baron Stawell, en Angleterre.

EN PEB AMSER QUELEN. (*En toute saison il fait bon prendre conseil.*) — Quelen.

EN QUICHEN REI, È MA QUÉMÉRET. (*Après donner, il faut prendre.*) — De Cameru, en Bretagne.

EN SALUT D'ENVIE. — Anagramme d'*Estienne Duval*, de Mondrainville, mort en 1578, receveur général des états de Normandie, etc.

ENSE ET ARATRO. — Le maréchal Bugeaud, duc d'Isly.

EN SUIVANT LA VÉRITÉ. — Wallop, comte de Portsmouth (Grande-Bretagne).

EN TOUS LIEUX ET A TOUTE HEURE. — Urre.

EN TOUT CANDEUR. — Du Val. — Blanc.

EN TOUT GAY! — Gay de Marnoz, en Franche-Comté. — Bonvallet.

EN TOUT TEMPS DU BLÉ. — Blé (du).

EN TOUT TEMPS GAY. — Gay.

EN TOUT TEMPS, QUÉLEN. — De Quélen, en Bretagne.

EN TRAVAIL REPOS. — Tisserand.

Envers et contre tous. — Querelles.

En vivant nous amandons. — Comminges.

E peb amser, quelen. (*En tout temps, Quelen.*) — De Quélen, en Bretagne.

E per non ti lasciar mai. — Le duc d'Epernon. — Sur son portrait, qu'il avait fait graver, et où l'on voyait la fortune l'enlever et le tenir par les cheveux. (*Menagiana.*)

Erecta ferar et non connivebo. — Montmayeur.

Erit altera merces. — Colonna (Marc-Antoine), Italien.

Erit hæc quoque cognita monstris. (*Une massue d'Hercule.*) — Le roi Louis XIII, dit le Juste.

Erit ille mihi semper deus. (*Sceptre fleurdelysé, rayonnant, placé sur un autel.*) — Gaston, duc d'Anjou, puis d'Orléans.

Jeton de 1624.

Errantes hoc lumine tuti. (*Vaisseaux éclairés par un phare.*) — Henri de Bourbon-Condé.

Jeton de 1600.

Escaillon denaing. (*Cri.*) — Fressies. — Campeau.

ESPÉRANCE. —Devise de Charles VI. — « Ce roi s'étant égaré à quelques lieues de Toulouse, la nuit, au milieu des bois, fit un vœu à Notre-Dame-d'Espérance, pour le tirer du danger où il était. A peine eut-il fait ce vœu qu'il retrouva ses gens... Il s'acquitta de son vœu dans une chapelle érigée à Notre-Dame de Bonne-Espérance, dans l'église des Carmes de Toulouse. Il y fit un riche présent et distribua aux princes et aux grands seigneurs qui étaient avec lui, à chacun une ceinture d'or, sur laquelle était ce mot : *Espérance.* » (*M. L. R. Nouv. voyage de Fr.*)

ESPÉRANCE. —Devise de l'ordre du Chardon et de N.-D., institué en 1370, par Louis II, duc de Bourbon.

ESPÉRANCE EN DIEU. — Percy. — Le baron Lovaine. — Le duc de Northumberland (Grande-Bretagne).

ESPÉRANCE ME CONFORT. —Lord Nairne. (Grande-Bretagne).

ESPÉRANT MIEULX. —Jehan Le Blond, sieur de Branville, traducteur du XVIe siècle. (Norm.)

ESPÉREZ TOUJOURS. —Jenison, comte de Walworth.

Espoir en mieux. — De Poulmic, en Bretagne.

Espoir me conforte. — De Lanrivinen (Bretagne).

Esquencourt! (*Cri.*) — Le sieur d'Esquencourt, en Vermandois.

Essayez. — Baronnet Dundas (Grande-Bretagne).

Est illis igneus ardor.—Amelot de Chaillou (Ile-de-France).

Est in equis patrum virtus. — Cheval de Fontenay (Bourgogne).

Esto jam libera. (*Oiseau s'échappant d'un filet*). — René-Robert des Marchais, maire d'Angers.

Jeton de 1728.

Esto quod esse debes. — Estienne, en Bretagne.

Estote prudentes sicut serpentes, et simplices sicut columbæ. —Walwein, maire de Tours en 1835. (Porte un serpent et des colombes.)

Estrée! (*Cri.*) — Oudart.

Es-tu muet? — Riou, en Bretagne.

ET ABUNDANTIA IN TURRIBUS SUIS. — De Coëtnempren, en Bretagne. (Porte trois tours.)

ET BELLO ET PACE. — Fr.-M. Bernard, Vic[re] de Sassenay et de Châlon-sur-Saône, élu de la noblesse, en Bourgogne.

Jeton de 1782.

ET DECUS ET ROBUR. — Devise accompagnant les armes de la ville de Châlons-sur-Marne.

ET DUX ET MAJOR COMES EXCITAT. (*Aigle et aiglons volant vers le soleil*). — Baudinet, maire de Dijon.

Jeton de 1722.

ETERNITÉ. — Chaudieu. — La Balme.

ET FACTUM EST ITA. — Berbisey.

ET FIDE, ET OPERE. — Du Ménez, en Bretagne. (Porte une croix et une main.)

ET FORTIS ET FIDELIS. — De Damas-Crux. — De Damas-Cormaillon. — Et autres branches.

ET HABET SUA GAUDIA LUCTUS. — Rambaud.

ET HABET SUA SIDERA TELLUS. — D'Hozier, chevalier de l'ordre de Saint-Michel, gentilhomme ordinaire de la chambre du roi, généalogiste de Sa Majesté, et juge des armes de France.

Etiam industria nobilitas. — Lefebvre.

Etiam infœcunda perennat. (*Un laurier pour symbole.*) — Elena Lucrezia Cornara, savante académicienne des *gli infecundi* établis à Rome.

Médaillon du XVII*e siècle.*

Etiam in septimò non licuit quiescere. — J. de Frasans, maire de Dijon (7e élection).

Jeton de 1639.

Etiam moriendo coruscat. (*Un bout de flambeau allumé.*) — Bertrand Duguesclin. « Il se mourait lorsqu'on lui apporta les clés du château de Randon, qu'il avait pris sur les Anglais. » (*Le P. Anselme.*)

Etiam nascendo tremendus. — Maillart de Kandreville.

Etiam post fata fidelis. (*Lierre entourant un tombeau.*) — J. Perrault, président des comptes, intendant de la maison du prince de Condé.

Jeton.

Etiam post funera bellat. (*Un tambour fait d'une peau de loup et de celle d'un agneau.*) — Le maréchal Blaise de Mont-Luc. « Après avoir fait la guerre pendant sa vie, il a montré par ses commentaires à la bien faire après sa mort. » (*Le P. Anselme.*)

ETIAM SI OMNES, EGO NON. — De Clermont-Tonnerre.

ET IN EA INVENIES THESAVRVM. (*L'intérieur d'une bibliothèque.*) — La Société des Bibliophiles français, fondée en 1820.

Médaille de cuivre.

ET JUSTE ET VRAY. — Wray, baronnet (Grande-Bretagne).

ET ME LAPIS ISTE CORONAT. (*Saint-Étienne*). — Saint-Étienne de Bourges.

Jeton de 1843.

ET MERITIS IMPAR. — Baron de Gundling.

ET NOS AVI. — Junot d'Abrantès (Ile de France).

ET PACE ET BELLO. — Bernard de Montbrison.

ET PHŒBI ET MARTIS. — Pollier de Bretigny.

ET POUR ET CONTRE. — Gilart, au Maine et en Bretagne.

Et procerum et populi plausu. — P. Fourneret, maire de Dijon.

Jeton de 1616.

Et quoy plus? — Montbrun.

Être en paix. — De Coëtquelven, en Bretagne.

Et sanctum nomen ejus. — Le Saint, en Bretagne.

Et sine fastu scriptus bis fastis. (*Deux serpents se mordant la queue forment un double 8.*) — N. Humbert, maire de Dijon.

Jeton de 1612.

Et si omnes, ego non. — Furstemberg.

Et si quid ultra. (*Jupiter au-dessus d'une table.*) — États de Bourgogne.

Jeton de 1605.

Et vires et animus. — Meugnier.

Et virtus et sanguis. (*Deux lions casqués, et pour cimier deux pélicans qui se percent le sein.*) — Bethisy, en Picardie.

Evertit et æquat. (*Une herse dans un champ.*) — Hersart du Buron. — Guillaume de Henault, comte d'Ostrevant, fils aîné du duc Albert de Bavière. — Olivier de Harsy, imprimeur, mort en 1584.

Evertit fortissima virtus. — Merez.

Exaltabitur sicut unicornis cornu meum. — Étienne Chevalier, trésorier de France, ambassadeur, etc., sous Charles VII.

Exaltat humiles. — Devise de la Cosse-de-Genêt. « Saint-Louis, voulant établir un ordre de chevalerie dans son royaume, choisit la cosse ou la fleur de cet arbuste pour cet effet, y ajoutant pour devise les paroles ci-dessus. — Cet ordre dura en France jusqu'au temps de Charles VI. » (*Hermant.*)

Exaltat virtus nobilitatque virtus. (*Apollon suspendant ses attributs à un arbre.*) — Cattho (Ange) de Tarente, médecin-aumônier de Louis XI, archevêque de Vienne, mort en 1497.

Sur une médaille.

Ex arbore fructus. — Bogaerde de Terbrugge.

Ex bello pax. — Bataille de Mondelot.

Excubant et arcent. (*Une tour gardée par deux lions couchés.*) — E. Humbert, maire de Dijon. (Porte deux lions.)

Jeton de 1610.

Exegi. — Lees.

Ex flammis orior. — De Hohenlohe, en Allemagne et en France.

Ex frugalitate ubertas. — Jacob, archevêque de Trèves.

Ex genere et virtute leones. — Lyons.

Ex his tibi necte coronam. (*Main tenant un miroir entouré de deux guirlandes de lis.*) — Catherine de Bourbon, marquise d'Isle, comtesse de Beaufort.

Jeton de 1588.

Ex hoc signo salus et vita. (*Croix dont chaque branche est terminée par un livre ouvert.*) — Le chapitre de Saint-Etienne d'Auxerre.

Méreau.

Ex humilitate cordis pergam ad astra. — Vedeau de Grandmont.

Exilis, non transilis. — Ferdinand de Bentivoglio.

Eximia civitas. — La ville de Marseille, en 1816.

Exitus acta probat. — Baron de Washington.

Ex labore fructus. — Bertrier.

Ex labore victoria. (*Bras armé tenant une palme.*) — N. Henri, comte d'Altessan, bailli de Dauphiné.

Jeton de 1566.

Ex nihilo nihil fit. — Philippe Parigot, maire de Beaune.

Jeton de 1658.

Ex pace ubertas. (*La paix tenant une corne d'abondance et brûlant un monceau d'armes.*) — Henri IV.

Jeton allemand.

Expertus fidelem Jupiter. (*Un aigle tenant un foudre.*) — Une des devises du cardinal de Richelieu.

Ex robore robur. — Poret de Blosseville (Normandie).

Ex tota anima mea et toto corde meo. — Bremond.

Exurge, Domine, judica causam tuam. — Devise de l'Inquisition.

Ex utroque fortis. — Saint-Belin.

Ex voto publico. — Fablet de la Motte, maire de Rennes (XVIIIe siècle).

F

Facere benè et lætari. — Marville de Vignemonté.

Fac et spera. — Clocheville de Belie. — Le duc de la Chastre, pair de France.

Facta, non verba. — Baron de Neumann.

Factis facta adornat. — Dorne.

Factis nomen. (*Une renommée.*) — Charles ou Claude de Lorraine, duc d'Aumale.

Jeton de 1576.

Faire et taire. — Du Méné, en Bretagne.

Faire mon devoir. — Le comte Roden, en Irlande.

Faire que devra, advienne que pourra. — Gerard de Mielet van Coehoorn (Pays-Bas).

Faire sans dire. — Reiset (Normandie). — Le baron Holland (Angleterre). — Le comte d'Ilchester (Angleterre). — De Fauche-Borel (Suisse, Franche-Comté et France).

Fais bien et laisse dire. — Jovyac. — Le comte de Boissy-d'Anglas, pair de France.

FAIS BIEN, ON TE NOMME. — Doüville.

FAIS CE QUE DOIS, ADVIENNE QUE POURRA. — Perusse d'Escars.

FAIS HONNEUR. —Méhérenc, en Normandie et Bretagne.

FAISONS BIEN, LAISSONS DIRE. — Devise qui se lit en lettres capitales sur la façade d'une maison à Auxonne (Côte-d'Or). — Danglade, en Gascogne et Bretagne.

FAIS QUE DOIS, ADVIENNE QUE POURRA. — Verthamon.

FAIS QUE DOIS, ARRIVE QUE POURRA. — Comte de Westphalem zu Fürstemberg.

FAIS TON DEVOIR. — Crillon. — Le duc de Crillon (Berton des Balbes), pair de France.

FAITES BIEN ET LAISSEZ DIRE. — Du Fay.

FAMA VOLAT. — La ville de Marseille, en 1704.

FARI QUÆ SENTIAT. — De Hessing.

FATA VIAM INVENIENT. (*Un labyrinthe*). — Devise du seigneur de Bois-Dauphin, archevêque d'Embrun en 1557.

FATI PRÆLUDIA NOSTRI. (*Un bras sortant*

d'une nue et arrachant la langue d'un lion.) — Devise de Charles de Cossé, maréchal de France. « Etant jeune, il se battit contre un lion dans la cour de Loval, à Fontainebleau, pour plaire à une maîtresse; ce fut comme le prélude des coups qu'il porta au lion d'Espagne. » (*Le P. Anselme.*)

FATO PRUDENTIA MAJOR. (*Une comète couronnée.*) — Une des devises de Catherine de Médicis, femme de Henri II, roi de France.

FAUSTO FŒDERE JUNCTI. (*L'Hymen et l'Amour.*) — Marie-Adélaïde, duchesse de Bourgogne.

Jeton de 1700.

FAUSTO FŒDERE JUNCTI. (*Deux palmiers s'inclinant l'un vers l'autre et mêlant leurs rameaux.*) — La Dauphine, Marie-Josèphe de Saxe.

Jeton de 1748.

FAUTE D'AUTRE, GROSPAIN. — Grospain, en Franche-Comté.

FAVENTE JOVE, CRESCUNT UVÆ. — De Meinertshagen.

FAVENTIBUS AUSTRIS. — Le Gualès ou Goalès, en Bretagne.

FAVET MOMUS, LUNA INFLUIT. — Une des devises du régiment de la Calotte, société satirique du XVIIIe siècle.

FAVET NEPTUNUS EUNTI. — La ville de Nantes. (Porte un vaisseau.)

FAVITE STELLÆ. — De la Forest, en Poitou et Bretagne. (Porte une bande chargée de trois étoiles.)

FECIT UTRAQUE UNUM. — Le Grand et le Petit Andely (Normandie).

FECIT VICTORIA NODUM. (*Un trophée de drapeaux.*) — Louis XIV.

Jeton de 1680.

FÉ ET HONOUR. — De Cheylus, en Vivarais, dont un évêque de Tréguier, en 1762, etc.

FELICES FUERUNT FIDELES. — Félix du Muy (Provence).

FELICIA TEMPORA SIGNANT. — Thomas de Berard, maître échevin de Metz.

Sur un jeton de cuivre à ses armes.

FELICITAS DOMUS AUGUSTÆ. (*Les bustes du Dauphin et de ses trois fils.*) — Louis XIV.

Jeton et médailles de 1693.

FELIX GALLIARUM GENIUS. (*Un génie aux*

vêtements fleurdelisés, marchant sur les fleurs, porte un enfant nouveau-né.) — Louis XIV, la naissance du Dauphin.

Jeton de 1661.

Fere magiora. — Charmasel.

Feret lux ista quietem. (*Un arc-en-ciel.*) — Catherine de Médicis, femme de Henri II, roi de France.

Ferey mon devoir. — Thomas Cromwel.

Au bas d'un portrait gravé.

Ferme, caumont ! (*Cri de guerre.*) — Caumont la Force.

Ferme dans l'adversité. — Cordoné.

Ferme, la force. (*Cri.*) — De Caumont la Force, en Guyenne.

Ferme en tout temps. — Du Roure.

Fermeté. — Favre, seigneur de Vaugelas et de Villaret.

Fermeté et loyauté. — De Chastelbrux.

Ferme et loyal. — Moutet de la Ferrade.

Ferme toi. — Valpergue.

Fero pacem. (*Une colombe tenant en son bec un rameau d'olivier.*) — Monseigneur Olivier, évêque d'Évreux.

FERRO CADIT AUREA MESSIS. — Ferron.

FERRO NON AURO. — Crussel.

FERRUM ET IGNEM INNOXIUS UBIQUE PORTO. (*Mercure tenant une épée et un foudre.*)— Mines et forges de Bourgogne.

Jeton du XVIIIe *siècle.*

FERRUM FERO, FERRO FEROR. — De Montalembert, en Bretagne, à Paris, etc.

FERRUM, FERRO, CONSILIUM, CONSILIO. — De la Cornillière, en Bretagne.

F. E. R. T. — « Devise de la maison royale de Savoye. Elle fait partie du collier de l'ordre de l'Annonciade, antérieurement dit l'ordre du *las d'amour*, et se trouve sur les monnaies anciennes des comtes et ducs de Savoye, avec leurs armoiries. Ces quatre lettres ont reçu diverses interprétations. Selon quelques auteurs, elles signifient : *frappez*, *entrez*, *rompez tout*, comme doit faire tout brave chevalier entrant en lice; et, suivant quelques autres : *fortitudo ejus Rhodum tenuit*, paroles faisant allusion à l'action d'Amédée IV de Savoye, dit le Grand, qui avait fait lever le siége de Rhodes aux Turcs par sa vaillance. » (*Hermant.*)

Fert maturos prudentia fructus. — Morisot.

Festina lentè. — Rossel.

Feuloy ! (*Cri.*) — Les sieurs de Falemy, de Harpencourt, en Vermandois.

F. f. f. — « Les Félix, originaires du Piémont, conservent encore dans la bande d'argent de leurs armes trois F de table qui signifient : *Felices Fuerunt Fideles*, éloge donné à ceux de cette famille par Amédée, comte de Savoie en 1247. » (*A. Playne et Segoing.*)

Fide ac virtute. — De Bonnechose (Normandie).

Fide et animo. — Comte Senfft de Pilsach, originairement Lauhe.

Fide et diligentia. — Chevalier de Cischini.

Fidei et amoris. — De Rospiec, en Bretagne. (Porte une croix et des merlettes.)

Fide inconcussa. — Nardin, à Besançon. — Louis de Berlaimont (*un obélisque*), évêque de Cambray. (Pour sa mort.)

Jetons de 1573-1667.

Fide, industria et amore. — Baron de Braunecker, en Allemagne.

Fidel a son roi et a l'honneur. — A.-C.-A. de la Croix, duc de Castries, pair de France.

Fidèle. — Roupell, esq.

Fidèle a son roi. — Saint-Germain.

Fidèle et sincère. — Roslan. — Le Goff, en Bretagne.

Fidèle jusqu'au bout. — Hume de Cherizy.

Fideles audomarenses. — La ville de Saint-Omer. (Devise demandée en 1814.)

Fidel et valeureux. — Damas.

Fideli obsequio. — Bruyset.

Fidelior in adversis. — De Boubers-Abbeville-Tunc.

Fidelis. — La ville d'Abbeville.

Fidelis deo et regi. — Devise de la ville de Rodez.

Fidelis dum vivam. — Pépin, en Bretagne.

Fidelis et audax. — Du Guay. — Le Pelletier de Glatigny.

FIDELIS PATRIÆ. — De Cramezel, en Bretagne.

FIDELIS PRŒMIA PENNÆ. — Guichenon, à Bourg.

FIDELISSIMA. — La province de Picardie.

FIDELITATE. — Duval de Beaulieu et Duval de Blareyniel.

FIDELITATE ET FORTITUDINE. — Le prince Batthany, en Hongrie.

FIDELITATE ET VERITATE. — Prince de Wied.

FIDÉLITÉ EST DE DIEU. — Wingfield, vicomte Powerscourt (Grande-Bretagne).

FIDELITER ET ALACRITER. — De Chanaleilles, en Vivarais.

FIDELITER ET CONSTANTER. — Astfeld, baron de Widrzy, en Allemagne.

FIDELITER, NON SERVILITER. — De Valhkampf.

FIDEM FATI VIRTUTE SEQUIMUR. (*Le signe du Capricorne.*) — Devise de Cosme de Médicis Ier, grand-duc de Florence, né sous ce signe.

FIDEM PEREGRINANS TESTOR. — Du Pin.

FIDEM UTRAMQUE SERVAVI. — Trésoriers des états de Provence.

Jeton de 1698.

FIDE PUBLICA. — Cabarrus.

FIDES. — Les ducs de Nevers. — Anger ou Angier, en Bretagne.

FIDES AGIT. — Rahier, en Bretagne. (Porte une croix.)

FIDE SED CUI VIDE. — Stapleton.

FIDES EXERCITUUM. — Cousin. (Bourbonnais.)

FIDES IN CALAMITATIBUS CLARA. — Baron Giovanelli de Gastburg.

FIDES MEA SALVUM FECIT. — Maillac.

FIDES ORDINUM BURGUNDIÆ. — États de Bourgogne.

Jetons de 1651 et 1668.

FIDES PERPETUA. — Ferrus.

FIDES SANCTIFICAVIT. — Lesens de Folleville.

FIDO CUSTODE TEGUNTUR. (*Cerfs, oiseaux, etc., en paix au milieu des champs.*) — Jacques Charron, bailli, gouverneur et capitaine des chasses du comté de Blois, beau-père de J.-B. Colbert.

Jeton de 1662.

Fiennes ! (*Cri.*) — Laplanche.

Fiez-vous-y. — De Beaucorps, en Bretagne.

Fines tuos jano. — Fyot d'Arbois.

Finis laborum palma. — Du Bus de Chisignies.

Finis præcepti charitas. — Bergier.

Firmabit qui restituit. (*Colonne à laquelle est attaché l'écu de la ville.*) — J. de Frasans, maire de Dijon.

Jeton de 1632.

Firmando firmior hæret. (*Une ancre droit.*) — Autre devise du cardinal Jules Mazarin.

Firmantur ab astris. — Juguimbert.

Firmat et ornat. (*Le soleil faisant ouvrir une rose.*) — Marie-Adélaïde, duchesse de Bourgogne.

Jeton de 1699.

Firmat sol, educat imber. (*Plante de lis éclairée par le soleil.*) — Etats de Bourgogne.

Jeton de 1623.

Firmior petra. — Poncelin de la Rochetilhac.

FIRMITAS IN CŒLO. — Machémara, en Irlande et Bretagne. (Porte un lion.)

FIRMUS UT CORNUS. — De Cornulier, en Bretagne. (Porte un rencontre de cerf.)

FIRMUS UT RUPES. — De la Roche, en Bretagne.

FIT VIA FATI. — Adrien de Breauté.

FIXA, NON FLUXA. (*Une étoile et une comète au milieu des nuages.*) — Henriette de Balsac, marquise de Verneuil, dame de Beaugency, maîtresse d'Henri IV.

Jeton de 1600.

FLABIT SPIRITUS EJUS ET FLUENT AQUÆ. (*Un Saint-Esprit rayonnant et au-dessous tombent des gouttes d'eau.*) — Les pénitents du tiers ordre de Saint-François.

FLAMESCIT UTERQUE. (*Un fusil ou briquet sur deux bâtons de laurier en croix, de la Toison d'or.*) — Ancienne devise des ducs de Bourgogne.

« Tout cela vouloit dire qu'ils mettroient le feu partout ; qu'ils remporteroient victoires sur victoires, et qu'ils s'exposeroient à toutes sortes de perils pour se rendre maistres de la France, comme avoient fait les Argonautes pour la conqueste de la Toison d'or. » (*Le P. Bouhours.*)

FLANDRES! (*Cri.*) — Quiqueran de Beaujeu.

FLAVESCENT. (*Quatre gerbes de blé vertes.*) — Devise d'Horace Farnèse.

FLECTIMUR NON FRANGIMUR UNDIS. — Colonna (ital.).

FLOREAT SEMPER. — Godard de Belbeuf (Normandie).

FLOREBUNT ET NON DEFICIENT. — Floris.

FLORENT SICUT LILIUM. — De Kersaintgilly, en Bretagne.

FLORIDA FLORENTI FLORET FLORENTIA FLORE. (*L'écu de Florence.*) — Pierre Chaudière, imprimeur, XVIIe siècle.

FLOS ET VIRTUS. — Floris.

FLOS FLORUM, EQUES EQUITUM. — De Bruc, en Bretagne. (Porte une rose.)

FLOS SEMPER VIRENS, VIRTUS. — Chiflot.

FLUCTUANTIBUS OBSTAT. — Pontevez.

FLUCTUAT NEC MERGITUR. (*Un vaisseau.*) — La ville de Paris.

FŒCUNDIS IGNIBUS ARDET. (*Un soleil.*) — Devise faite pour la solennité du mariage de Louis XIV.

FŒLIX RUINA TANTO REPARATORE. — J. de Frasans, maire de Dijon.

Jeton de 1631.

FŒLIX SINE JUGO. — Bouvot, à Besançon.

Jetons de 1665 à 1669.

FŒLIX SINE JUGO NASCITUR. — Bouvot. (Porte un bœuf issant.)

Jeton de 1648.

FŒMINA ERIT RUINA TUA.—Explication que donne du mot F. E. R. T., devise de la maison de Savoie, un auteur de l'histoire de cette maison.

FOI A QUI L'A. — Astuard de Murs.

FOLIUM EJUS NON DEFLUET. — Devise de Charles de Bourbon, cardinal II. — D'Ancenis, en Bretagne.

FOLIUM EJUS NUNQUAM DEFLUET. — De Folin, en Franche-Comté et en Bourgogne.

FOND D'ARGENT N'EST PAS SANS TRAVERSES. — Le Gonidec, en Bretagne. (Porte d'argent à trois bandes ou traverses d'azur.)

FORCE ET VERTU. — Rouvère.

Force ne peut vaincre peine. — Hautefort.

Formæ te reddo priori. (*La lune sortant d'une éclipse.*)— René Robert des Marchais, maire d'Angers.

Jeton de 1725.

Format regendo coronas. — Grolée.

Fors l'honneur nul souci. — Le Maistre, à Paris et en Bretagne. (Porte des soucis.)

Fors ung. — Florimond Robertet, secrétaire d'Etat de Charles VIII et Louis XII.

Fortes creantur fortibus. — Le Limonier, en Normandie et Bretagne. (Porte un lion.)

Forte scutum salus ducum. — Le baron Fortescue, en Angleterre, d'origine normande.

Fort et ferme. — Guignard de Saint-Priest, en Dauphiné et Lyonnais.

Forti custodia. — Comte de Saporta.

Forti fide. — Du Marché.

Fortior coronatur. — Caumont.

Fortior pugnavi. — Pagan.

FORTIS CADERE, CEDERE NON POTEST. — Moore, comte de Drogheda.

FORTIS ET FIDELIS. — Leforestier.

FORTIS ET GENEROSUS. — Du Bois d'Escordal, en Champagne.

FORTIS ET PRUDENS. — Levavasseur, seigneur d'Hieville et de Cerisy.

FORTIS ET PRUDENS SIMUL. — Le Royer, en Normandie et en Bretagne.

FORTIS FIDELISQUE SIMUL. — Morin de Bertonville.

FORTIS FORTIORI CEDIT. — Louvart de Pontlevoye.

FORTIS FORTUNAM SUPERAT. — Villars, en Bresse.

FORTIS FORTUNAM SUPERAT. — Devise de la maison de Villars.

FORTIS, GENEROSUS ET FIDELIS. — Devise d'Emile et d'Antoni Deschamps, auteurs.

FORTIS IN BELLO. — Cantillon de Ballyhigue.

FORTIS SIMUL ET PRUDENS. — Avennes.

FORTIS UT MONS. — Des Monts.

Fortis ut mors dilectio. — Devise de la maison de Villars, originaire de Lyon.

Fortiter, fideliter, feliciter. — Comte Neidhardt de Gneisenau.

Fortiter, fideliter, feliciter. — Monck (Grande-Bretagne). — Comte de Rathdown.

Fortiter paternus. — De Saint-Pern, en Bretagne.

Fortitudine, constantia et fidelitate. — Baron de Krufft.

Fortitudine et caritate. — Comte de Mensdorf-Pouilly.

Fortitudine et conscientia. — Comte Orloff.

Fortitudine et fidelitate. — Baron de Moz.

Fortitudine et humilitate. — Gilier.

Fortitudine et meritis. — Baron de Hiller, en Allemagne.

Fortitudine et scientia. — Baron de Pillersdorff.

Fortitudine et vigilantia. — Le comte de Vogüé, pair de France. — Baron de Guezdanowich.

FORTITUDINE VINCIT. — Doyle.

FORTITUDINI. — De Gouvello, en Bretagne. (Ce nom signifie des forges. — Porte un fer de mulet et des molettes.)

FORTITUDO EJUS RHODUM TENUIT. — Devise de la maison de Savoie. — (Autre interprétation du mot F. E. R. T. Voir plus haut *Fœmina*, etc.)

Jetons.

FORTITUDO ET VIRTUS. — Bonnel.

FORTITUDO MEA. — De la Tour du Pin, en Dauphiné et Bretagne.

FORTITUDO MEA DEUS. — Thierry.

FORTUNA ALTERNANTE VICES. (*Un homme labourant sous le soleil; plus loin un nuage pluvieux.*) — R. Fleutelot, maire de Dijon.

Jeton de 1594.

FORTUNAM VIRTUTE LUDE. (*La fortune.*) — Jean de Daillon, comte du Lude, sénéchal d'Anjou, chevalier de Saint-Michel, mort en 1557.

Jeton.

FORTUNE, INFORTUNE, FORT UNE. — Marguerite d'Autriche, duchesse de Savoie, fille de l'empereur Maximilien, Ier du nom, et de Marie de Bourgogne sa femme. Devise qu'elle prit après la mort de Philippe II, duc de Savoie, son mari. — Voici quel est le sens de cette devise d'après Henri-Corneille Agrippa, historiographe de cette princesse :

« *Fortuna, infortuna valde unam*. La *fortune* est infortune fort une — parce qu'elle avait été répudiée par le roi Charles VIII, n'avait été qu'un an en mariage avec Jean, prince de Castille, et 3 ans avec Philibert II surnommé *le Beau*. » (*Le P. Anselme.*)

Fortune passe partout. — Rollo (lord) Grande-Bretagne.

Forum et jus. — Berryer d'Angerville (Ile de France). — Berryer père, le célèbre avocat. Sur l'étiquette de ses livres.

Fou qui s'y frotte. — Du Houx, en Bretagne. (Porte des feuilles de houx.)

Fous de chissey. (*Adage.*) — De Chissey, en Franche-Comté.

Fovet et discvtit. (*Une mer sur laquelle voguent plusieurs barques. Le soleil sortant du sein des flots échauffe et dissipe les nuages.* — François d'Alençon, fils du roi de France

Henri II et de Catherine de Médicis. — « Voulant signifier qu'il protégerait les peuples des Pays-Bas, et qu'il en chasserait le trouble. » (*Le P. Anselme.*)

Jeton de 1579.

FOY DE BRÉAN MIEUX VAUT QU'ARGENT. — Bréhan (Bretagne).

FOY EN TOUT. — Le comte de Sussex, en Angleterre.

FOY EST TOUT. — Robinson (comte Ripon), Grande-Bretagne.

FOY POUR DEVOIR. — Le duc de Sommerset, en Angleterre.

FRACTUS NON RUPTUS. — Chrestin, en Franche-Comté.

FRAGILE SI, MA BELLO ! — Marin.

FRANC A TOUT VENANT. — D'Assérac, en Bretagne.

FRANC AU ROI SUIS. — Arthuis.

FRANC COMME L'OR. — Dorcières.

FRANC ET LÉAL. — La Rochette. — Le Bouteiller de Senlis.

FRANC ET LOYAL. -- Lardenois de Ville. —

Salaun ou Salomon. — De Coëtlosquet, en Bretagne.

Franc et sans dol. — Salmon du Chastellier ; autrement *Moi franc et sans dol.*

Frangas non flectes. — Taillard ou Taillefer.

Frangit inaccessa. (*Un foudre qui fend un rocher.*) — Le connétable François de Bonnes de Lesdiguières, à l'occasion d'une victoire remportée sur l'ennemi retranché sur un roc des Alpes.

Frangit sors invida pennas. (*La fortune et deux personnages nus.*) — Sur une médaille. — Michel de Beauclerc.

Frappés, entrés, rompés tout. — Autre explication du mot F. E. R. T., devise de la maison de Savoie. — (Voir aux mots : *Fœmina*, *Fortitudo*.

Fraterna luce coruscat. (*Un croissant.*) — Gaston de France, duc d'Orléans.

Fregerunt fulmina dexteram, supplet læva vices. — Devise de Sébastien de Pontault, seigneur de Beaulieu, ingénieur et maréchal de camp des armées du roi, qui se lit autour de ses armes. — Fait historique : « En conduisant la tranchée dans l'attaque de Philisbourg, il eut le bras droit emporté d'un coup de canon, à quoi fait allusion sa devise. » (*Perrault*, *Hommes illustres.*)

FRUCTU NON FLORE CADUCO. (*Un arbre.*) — Henri II, roi de Navarre. — Chambre des comptes de la Fère-sur-Oise.

Jeton de 1583.

FULCIMENTUM LABORIS. (*Une gerbe de blé.*) — Bon de pain des ouvriers du canal de Briare.

Méreau de 1606.

FULCIT ET ORNAT. — Colonna (Jérôme), (ital.).

FULGET ET FLORET. — Fassion.

FULMINA SI CESSANT, ME TAMEN URIT AMOR. — Jossé-Lauvrains.

FULMINIBUS DUM PARCIT JUPITER. (*Une pluie d'or*). — Louis XIV. Ordinaire des guerres. — Rachat de Dunkerque, 1663.

Jeton.

FULTA TRIBUS METUENDA CORONA. (*Trois plumes d'autruche.*)

FULTA VIRESCIT. (*Vigne enlaçant les deux colonnes d'Hercule.*) — Etats de Bourgogne.

Jeton de 1704.

FUNICULUS TRIPLEX DIFFICILE RUMPITUR. — Laurence de Budos, abbesse de Caen au XVIIIe siècle.

FURCHLOS UND TREN. — Le royaume de Wurtemberg.

— G

GALAS SUORUM STRAGE FUGATUR. — Jannel.

GALLIA FIT PARTU FELIX. — Naissance du duc de Bourgogne, petit-fils de Louis XV, en 1751.

Jeton.

GALLIARUM SECURITAS. (*Le roi entre le Dauphin et le duc d'Orléans.*) — Henri IV. — Etats de Bourgogne.

Jeton de 1609.

GALLO CANENTE SPES REDIT. — Chapponay.

GAMACHES. (*Cri.*) — Gamaches.

Garantez ar guiriones. — Boisguéhéneuc.

Garde la foy. — Edwardes (lord Kensington), Grande-Bretagne.

Garde l'honneur. — Hanmer.

Gardés bien. — Le marquis d'Eghlington, en Ecosse.

Gardés la foy. — Le comte Poulett, en Angleterre.

Gardez bien. — Montgomery (comte d'Eghlington) Angleterre.

Gardez la foi. — Poulett (vicomte Hinton), Grande Bretagne. — Le baron Kensington, en Irlande.

Gardez l'honneur. — Baronnet Hanmer, en Angleterre.

Gaucourt! (*Cri.*) — Gaucourt.

Gavre au chapelet. — Gavre (Pays-Bas).

Généreux et fidèle. — Clugny-Thenissey.

Gens de bien passent partout. — De Keratry, en Bretagne.

Gentil d'an all. (*Gentil pour tous.*)—Le Gentil en Bretagne. (Porte des roses.)

GENUS ET VIRTUS — Raffelis de Broves.

GERECHT UND TREU. — Baron de Sommaruga.

GERMINAVIT SICUT LILIUM ET FLOREBIT IN ÆTERNUM ANTE DOMINUM. — De Coëtanlem, en Bretagne.

G. G. G. (*Generosè gerit Gervasius.*) — Gervais.

GLOIRE AUX VICTORIEUX. — Arbalétriers de Douai.

GLORIÆ ET AMORI. — La Châtre.

GLORIA ET DIVITIÆ IN DOMO EJUS ET JUSTITIA EJUS MANET IN SÆCULUM SÆCULI. — Bignon.

GLORIA IMMORTALIS. (*Un serpent formant le cercle au milieu duquel est une couronne de lauriers renfermant dans son centre une colonne supportée par un globe terrestre et surmonté d'un autre petit globe.*) — 1re devise de Charles de Bourbon, cardinal III.

GLORIAM PRÆCEDIT HUMILITAS. — Devise de Charles Delatre, religieux de Saint-Bertin, inscrite en lettres d'or sur la couverture d'un livre.

GLORIA, PALMA, CEDRUS, GLORIA, FAMA, DECUS. — Vincent (Picardie).

GLORIA SALVANDI ET LABORE. — Le comte de Salvandy, ministre sous Louis-Philippe.

GLORIOSA DICTA SUNT DE TE, CIVITAS. — La ville de Chartres.

Jeton de 1689.

GODEFRIDUS MIHI DEDIT. — Thomas de la Valette.

GONNELIEU. (*Cri.*) — Blondel de Joigny de Bellebrune, etc,, en Artois, Cambrésis, etc.

GOTT MIT UNS. (*Dieu est avec nous.*) — Le roi de Prusse.

GOTT UND MARIA. (*Dieu et Marie.*) — Prince de Fugger. — Babenhausen.

GRACE A DIEU. — Prévost de Pelousey, en Franche-Comté.

GRACE ET ESPRIT. — De Kerroz, en Bretagne.

GRACE ME GUIDE. — Baron Forbes (Ecosse).

GRADIENDO ROBORE FLORET. — François Bonne de Lesdiguières, pair et connétable de France.

Jeton.

GRAINCOURT ! (*Cri de guerre.*) — Cavech.

GRAND'JOIE ! (*Cri.*) — Rosières.

GRATA JOVI NATOQUE JOVIS. (*Un laurier.*) — La Grande Dauphine, Anne-Marie-Christine.

Jeton de 1689.

GRATIA DEI SUM ID QUOD SUM. — Devise des d'Albret, rois de Navarre. Sur un écu d'or et sur un teston d'argent de ces princes, et sur des petites monnaies de billon. — J. A. de Leveson de Vesins, évêque d'Agen en 1841.

GRATIAM ET GLORIAM DABIT DOMINUS. — R. Fleutelot, maire de Dijon.

Jeton de 1594.

GRATIA ET LABORE. — . . . . abbé d'Anchin.

Jeton de 1575.

GRATIOR IN DIES. (*Un oranger en caisse*). — Marie-Adélaïde, duchesse de Bourgogne.

Jeton de 1706.

GRATIOR UMBRA. (*Tige de lis.*) — Le cardinal Antoine Barberin, grand aumônier de France.

Jeton de 1636.

GRATUS HONORE LABOR. — Bordes.

Graz ha speret. (*Grâce et esprit.*) — De Kerroz, en Bretagne.

Gric da molac. (*Silence à Molac.*) — De Molac, en Bretagne.

Guerre ! (*Cri.*) — De la Croix de Castries.

Guerre, guerre ! (*Cri.*) — La Croix-Chevrières.

Guir ha léal. (*Franc et loyal.*) — Salaun ou Salomon, en Bretagne.

Guyenne, guyenne ! (*Cri.*) — De la Roche-Fontenilles, en Armagnac et Picardie.

Guy haut se tient. — Guyot d'Amfreville (Normandie).

H

Habet sua sidera tellus. — Les d'Hozier, généalogistes et juges d'armes de la noblesse de France.

Hac ad illam. — L'Ange (Nivernais).

Hac luce viam. (*Trophée en flammes.*) —

Bernard de la Valette, amiral de France, gouverneur de Provence.

Jeton de 1597.

HAC MERCEDE PLACET. (*La justice assise offrant une couronne de chêne.*) — Louis XIV, pour l'intendance de Lorraine, Barrois et évêchés.

Jeton de 1661.

HAC STABO, QUA STETIT ANTE PATER. — P. Baudot, maire de Dijon.

Jeton de 1730.

HAC VIRTUTIS. — La Lance de Moranville.

HAC VIRTUTIS ITER. (*Une herse liée à la lettre Y dite pytagorique.*) — Pierre de Morvilliers, chancelier de France.

HÆC ARA TUEBITUR OMNES. (*Autel sur lequel deux anges agenouillés tiennent le chef de saint Denis.*) — Les religieux de Saint-Denis, en France.

Jeton de 1620.

HÆC INTACTA MANET. (*La foudre, traversant et respectant un laurier, brise un arbre voisin.*) — Jean-François Cauda, marquis de Casella, président du présidial d'Asti, alors à la France.

Jeton de 1645.

HÆC LILIA TINCTA CRUORE. — Fily, en Bretagne. (Porte des fleurs de lis de gueules.)

HÆC MEA MAGNA SEDES. — Moussier, maire de Dijon.

Jeton de 1787.

HÆC ME SAXA CORONANT. (*Saint-Etienne.*) — Jean de Montpezat.

Jeton de 1666.

HÆC MUSIS DONA REPENDIT. — Devise accompagnant les armes du collége de Saint-Martin de Poitiers, sur la couverture d'un livre donné en prix.

HÆC PEPERIT VIRTUS OU HÆC PERPETUA VIRTUS. — Le prince de Colloredo Mansfeld.

HÆC PER TE AUCTA COLAM. (*Une plante de lis sous une pluie bienfaisante.*) — La Grande Dauphine, Anne-Marie-Christine.

Jeton sans date (1680).

HÆC SIDERA FIRMANT PATRIA. — Baron de Poutet, à Metz et en Allemagne.

HÆC SUMMA LABORUM EST. (*Un trophée.*) — Devise sur un jeton de cuivre aux armes et au nom de Gui de Laval, marquis de Nelle.

HÆC SUNT ARMA MILITIÆ NOSTRÆ. (*Une croix du Calvaire, traversée de deux bras en sautoirs l'un nu, du Sauveur, l'autre vêtu, de saint François ; quelquefois on y joint les stigmates ou plaies, et le tout entouré du cordon de Saint-François.*) — Les frères mineurs ou cordeliers ex-religieux de l'ordre de Saint-François.

HÆC SUNT PRÆLUDIA PACIS. (*La prise d'Arras.*)

Jeton des parties casuelles, 1655.

HÆC TIBI CERTA DOMUS. (*Ange tenant par la main le jeune Dauphin et le menant vers une chapelle*). — Henri IV, pour l'éducation du Dauphin.

Jeton de 1606.

HÆREDITARIO POPULI AMORE. — J. de Frasans, maire de Dijon.

Jeton de 1625.

HÆRET HAUD INGRATA. (*Vigne fertile, s'enlaçant autour d'un chêne.*) — Etats de Bourgogne.

Jeton de 1731.

HÆ TIBI ERUNT ARTES. (*Main tenant une épée entourée de lauriers.*)— Henri, duc d'Anjou.

Jeton de 1572.

HA GALON VAT. (*De grand cœur.*)— Coëtancourt.

Ha mon ami ! — Hamon, en Bretagne.

Hangest ! (*Cri.*) — Les sieurs de Hangest, de Flavy, de Cornelles en Vermandois. — De Houdencourt.

Hardicourt ! (*Cri.*) — Le sieur de Hardicourt, en Ponthieu.

Harpyas pellere regno. (*Harpies fuyant en apercevant la justice assise.*) — Louis XIV. — Rachat de Dunkerque.

Jeton de 1663.

Hary avant ! (*Cri.*)— Dinan, en Bretagne. — Coëtmen. — Montafilant.

Ha saouez vé. (*Quelle surprise ce serait !*) — De Trédern, en Bretagne.

Haucourt ! (*Cri.*) — Grebert.

Haut et bon. — Le vicomte Doneraile, en Irlande.

Heb chench. (*Sans varier.*) — Du Pont-l'Abbé, en Bretagne. (Porte un lion.)

Heb rémed. (*Sans rémission.*) — De Guilimadec, en Bretagne.

Hec (*sic*) domus edificatur sapientia. — Laverne, maire de Dijon.

Jetons de 1566.

HEDERÆ ADHERENT ET SUSTINENT. — Le Heder, en Bretagne.

HEP CHANG. (*Sans changer.*)— Pont-l'Abbé.

HEP REMET. (*Sans remède.*)— Quillimadec (Bretagne).

HERBARUM VIRES MULTIS PROSUNT. — François, duc d'Anjou.

Jeton de 1578.

HERCULEUS LABOR. (*Massue et peau de lion.*) — Louis XIV, pour les conquêtes de Franche-Comté.

Jeton de 1668.

HEUR GARNI DE FOY. — Antoine Allego, lieutenant et élu de Châteaudun.

Jeton du XVIe siècle.

HIC AQUILA ET LEO CONCORDES SUNT. (*Demi-lion et demi-aigle.*) — Mariage de Marie de Bourgogne avec Maximilien.

Jeton du XVe siècle.

HIC EST DISCIPULUS DILECTUS. (*Saint-Jean.*) — La Sainte-Chapelle de Dijon.

HIC ET UBIQUE TERRARUM. — Devise accompagnant les armoiries de l'Université de Paris. « Pour marquer le pouvoir qu'elle donne à ses docteurs de lire et d'interpréter à Paris et en tous les endroits du monde. » (*Le P. Menestrier.*)

HIC FRUCTUS VIRTUTIS. — Baronnet Waller, en Angleterre. Un membre de cette famille fit prisonnier le duc d'Orléans à la bataille d'Azincourt, et suspendit au noyer qui formait le cimier de ses armes l'écusson de son captif, d'où sa devise.

Pierre gravée.

HIC HOUD. (*Je le tiens.*) — (*Avec un rabot.*)— Devise du duc Jean de Bourgogne, par laquelle il signifiait qu'il aplanirait le bâton noueux du duc d'Orléans son ennemi.

HIC TERMINUS HÆRET. (*Une souche tronquée et abattue.*)—M. de Boissy, grand écuyer de France (1557).

HIC TOTUM, HUNC TOTUS RESPICIT ORBIS. (*Trois personnages contemplant le soleil qui éclaire une ville.*) — Etats de Bourgogne.

Jeton de 1611.

HILARIS MANÈ TENDIT AD ALTA. — Du Hindreuff, en Bretagne. (Porte une alouette en cœur, etc.)

HINC FOVET, INDÈ TUETUR. (*Poule défendant ses poussins contre un oiseau de proie.*) —

Gilbert de Veny d'Arbouze, évêque de Clermont.

Jeton de 1666.

HINC LABOR, HINC MERCES. — Montesquiou-Fezensac.

HINC LUMEN, HINC FULMINA. — Le chevalier d'Harcourt.

HINC ORDO, HINC COPIA RERUM. (*Une lumière qui débrouille le chaos.*)— Autre devise de Jules Mazarin, le cardinal ministre.

HINC PARVULA NATA TRIUMPHIS. (*Deux lauriers, dont l'un est plus jeune que l'autre.*) — Louis XIII, alors Dauphin.

Jeton de 1609.

HINC SECURITAS. (*Main tenant un gouvernail.*) — Marc de Rye, marquis de Varembon, gouverneur d'Artois.

Jetons de 1591.

HIS ARMIS, HÆC ARMA TUEBOR. (*Deux clefs en sautoir sur une épée en pal*, armes de l'abbaye de Cluny.) — Louis III de Lorraine, cardinal de Guise, archevêque de Reims, abbé de Cluny.

Jeton de 1618.

HIS ASTRIS CITO FLORET ET ODORAT. — Baudinet, maire de Dijon.

Jeton de 1716.

HIS QUOS DILIGO. — La ville d'Arbois.

HIS VIRTUS EVECTA ROTIS. — Catherine de Varanges.

HOC CÆSAR ME DONAVIT. (*Un cerf-volant accolé d'une couronne d'or.*) — Devise de Charles VI. « Parce qu'un jour étant à la chasse près de Senlis, il trouva un cerf qui avait au cou une chaîne de cuivre doré autour de laquelle était écrite la devise ci-dessus. » (*Le P. Anselme.*)

HOC DUCE TUTA. (*Lion debout auprès d'une clef.*) — Etats des huit paroisses, à Elverdinghe, dans la Flandre occidentale.

Jeton de Louis XIV.

HOC ET PLVS. — Accompagnant un écusson armorié soutenu par deux lions. — (D'azur au chevron d'argent accompagné en pointe d'une merlette, au chef de gueule chargé d'une croix d'argent.)

Sur un vitrail de l'église de Notre-Dame d'Andely (Eure).

HOC JUPITER ULTOR. — Alexandre Farnèse.

HOC ME SIBI TEMPERAT ASTRUM. (*Le nom de Jéhovah, radieux, éclairant un tournesol.*) — Charles de Lorraine, abbé de Gorze.

Jeton de 1611.

HOC SIDERE TUTUS. (*Pendant l'orage, un vaisseau se dirige vers un soleil fleurdelisé.*) — F. Moreau, maire de Dijon.

Jeton de 1637.

HOC TEGMINE TUTUS. — Bec de Lièvre, en Bretagne et Normandie.

HOC VERNANT LILIA CORDE. — La ville d'Orléans. (Porte des cœurs et des fleurs de lis dans ses armes.) Devise donnée par Louis XII, alors duc d'Orléans.

HOGNE QUI VONRA. — De Mailly, en Picardie et en Franche-Comté. Mercastel de Montfort.

HOMINUM AMATOR. (*Un dauphin couronné.*) — La chambre des comptes du Dauphiné.

Jeton du XVIe siècle.

HONNEUR! (*Cri.*) — De Vuillafans, en Franche-Comté.

HONNEUR A GOUYON. — Goyon ou Gouyon de Matignon, en Bretagne.

HONNEUR A MOUSSAYE. — De la Moussaye, en Bretagne.

HONNEUR, COURAGE ET FIDÉLITÉ. — Bonnefoy de Bretanville.

HONNEUR ET FRANCHISE. — Harscouët, en Bretagne.

HONNEUR ET TOUT POUR HONNEUR. — Bernard d'Estiaux, etc., en Anjou et Bretagne,

HONNEUR Y GIST. — De Blicterswich, en Franche-Comté.

HONNY SOIT QUI MAL Y PENSE. (*Une jarretière bleue bouclée.*) — L'ordre de la Jarretière, en Angleterre, institué par Edouard III en 1345 ou 1350.

HONORA PATREM TUUM ET MATREM TUAM UT SIS LONGÆVUS SUPER TERRAM. — Sébastien Nivelle, imprimeur, mort en 1603.

HONOR ET PATRIA. — Kergorlay. — Le comte Klein, pair de France.

HONOR ET REX. — Boucher de la Motte.

HONOR ET VIRTUS. — Baron de Jetzer.

HONORI ET VIRTUTI. — Rossner, baron de Rosseneck.

HONORI FIDELIS. — Tascher de la Pagerie (Ile de France).

HONOS AB ARMIS. — Castellane (Provence).

HONOS ALIT ARTES. — Jean Doroz, prieur de Vaux, évêque de Lausanne, distributeur de l'université de Dôle.

HORS CET ANEL POURRIONS TROUVER AMOUR ? — Saint Louis. Voici l'origine de cette devise. « Saint Louis prit pour devise au temps de son mariage une bague entrelassée d'une guirlande de lis et de marguerites, pour faire allusion à son nom et a celuy de la reine son épouse, et mettant sur le châton de cet anneau, l'image d'un crucifix gravé sur saphir, il l'accompagna des mots ci-dessus. — Cette devise est aussi sur l'agraffe du manteau qu'il portoit le jour de ses noces. Cette agraffe se voyait encore au XVIIe siècle dans le royal monastère de Poissy, où elle etait conservée. » (*Le P. Menestrier*).

HOSTES DOMAT ATQUE LEONES. (*Une massue d'Hercule.*) « Une des devises de Charles Cossé, maréchal de France, demeuré toujours victorieux des ennemis du roi, malgré l'envie des courtisans. » (*Le P. Anselme.*)

Hostium terror tutatur amicos. — Bernier.

Hostium victorum spolia. (*Un trophée d'armes.*) — Henri, duc d'Anjou.

Jeton de 1572.

Huic quid obstat ? — Guiffrey de Boutières.

Humble et loyal. — Coëtlez ou Coëtléon ou Le Ny de Coëtelez, en Bretagne.

Humblesse de marnix. — De Marnix, en Franche-Comté et Belgique.

Humilia tene. — De Tinseau, à Besançon.

Jetons de 1665 à 1669.

I

Ibit duce tuta columba. (*Le navire des Argonautes passant au milieu des roches.... conduit par une colombe.*) — Louis de la Valette, duc d'Épernon, amiral, colonel général de l'infanterie, gouverneur de Normandie.

Jeton de 1588.

Ich dien. (*Je sers.*) — « Selon M. Barnes, ce fut à la bataille de Crécy, gagnée par les Anglais en 1347, que le prince de Galles, se rendit maître des armes du roi de Bohême, qui étaient des plumes d'autruche avec le cri *Ich Dien*. Depuis ce temps-là elles ont été portées par tous les princes de Galles, héritiers présomptifs de la couronne d'Angleterre. » (*L'abbé Migne*, *Diction. de numism.*)

Ictu fulmineo potentior. (*Pluie d'or tombant sur une tour.*) — Louis XIV, rachat de Dunkerque.

Jeton.

Igneus est ollis vigor. (*Deux coqs faisant fuir un lion.*) — Démêlés du duc d'Épernon avec la cour.

Jeton de 1619.

Il adviendra. — Ormancey ou Ormandy de Frejaques.

Il asseure mon repos. (*Le roi, en Hercule, seul debout sur un champ de bataille.*) —. États de Bourgogne.

Jeton de 1688.

Il est la gloire du carmel. (*Le bras du prophète Élie.*) — Les carmes, à Rouen.

Il est temps, il sera temps. — De Kersauson, en Bretagne.

Il faut. — De Penhoët, en Bretagne.

Il faut mourir.—De Kerjar, en Bretagne.

Ille vincit. — Binet, en Touraine et Bretagne.

Illorum ope hæc dilata gallia. — Jubié.

Illustrant radiis, non crine minantur.— P. Comeau, maire de Dijon. (Porte des comètes.)

Jetons de 1643, 44.

Illustrat quos summa fides. — La ville de Marseille, en 1705.

Il m'est fidèle. — Bassat ou Bassabat de Pourdiac.

Il n'est nul qui dise mieux. — Disimieu, Disimieux ou Dissimieu. (Porte trois palmes de sinople dans ses armes.)

Il n'est poisson sans arrête. — Du Drénée, en Bretagne. (Porte un barbeau.)

I. l. p. a. d. e. l. t. (*Je l'ai promis à Dieu et l'ai tenu.*) — Montagu.

Ii piu bel fior ne coglie. (*Un bluteau.*) — L'académie *della Crusca*, à Florence.

IL SERAIT PRÊT. — De Penmarc'h, en Bretagne. (Porte une tête de cheval.)

IL VIGORE TUTTO NEL CUORE. (*Sa vigueur est toute dans son cœur.*) — Les de Beauvillier, ducs de Saint-Aignan, dans l'Orléanais. (Portent des *merlettes*, oiseaux sans pieds ni bec.)

IMMACULATUS CORONABITUR. — « Devise du sieur Roger, conseiller du roi et maître ordinaire en la chambre des comptes de Paris. (Porte d'hermine à trois mouchetures, au chef d'azur chargé de trois couronnes d'or. Supports, deux griffons d'or; cimier, un griffon naissant, de même.) Savant et curieux en science héraldique. » (*La Colombière.*)

IMMENSI TREMOR OCEANI. — Devise des chevaliers de l'ordre de Saint-Michel.

IMMUTABILITER. — Rend, à Besançon.

Jetons de 1665, 66.

IMPATIENS PUGNÆ. — David de Beaufort.

IMPAVIDÈ. (*Un rocher entrecoupé de précipices, ayant sur la cime deux branches de laurier qui le garantissaient des foudres dont il était battu. Ses deux côtés étaient attaqués par le souffle impétueux des vents, et son pied par les flots courroucés de la mer. Demeurant ferme et immobile.*) — « Devise de Charles de Bourbon, comte de Soissons, fils puîné de Louis I, prince de Condé. Ce qui signifiait qu'il était exempt de terreur, contre les assauts de l'adverse fortune. » (*Le P. Anselme.*)

Impavidi fuimus. — Esne ou Aisne.

Impavidum ferient ruinæ. — Les de Beaumont d'Antichamps de Saint-Quintin, en Dauphiné, Bretagne, etc.

Impersuasibilis. (*Serpent formant un 8 de chiffre.*) — Catherine de France, sœur de Henri IV, duchesse de Bar.

Jetons de 1595, 1600, etc.

Improbos reprobat, probos crux probat. — H. de la Croix, maire de Dijon.

Jeton de 1661.

In adversis clarius. — Lejeune de Malherbe.

In altis habito. — Le Meingre de Boucicaut.

In altum aspiciam. — Sapin.

Inania pello. — « 3° devise de la maison de Ventadour-Levy, qui a aussi pris quelquefois un *van*, au côté duquel sont deux têtes d'enfants qui soufflent, représentant les vents avec ces mots ci-dessus. » (*La Colombière.*)

IN ANTIQUISSIMIS. — Polignac.

IN ARDUIS CONSTANS. — Seymour de Constant. — Constant de Rebecque.

IN ARDUIS FORTIOR. — Payen, de Noyant (Normandie).

IN ARMIS JURA. — Saint-Martin d'Agliè.

IN ARMIS LEONES. — Archambault, en Beauce. (Porte trois lions.)

IN BELLO FORTIS. — Beaufort. — Beaufort-Spontin.

IN CAPITE ROBUR. — Le Bœuf d'Osmoy, en Bretagne. (Porte un bœuf dans ses armes.)

INCONCUSSIBILE. — Raigecourt ou Ragecourt. — Le marquis de Raigecourt-Gournay, pair de France.

INCONSUMPTIBILIS ARDET. — Denys Bruslard.

IN CORDE DECUS ET HONOR. — Charbonnel du Bets.

IN CRUCE SPES ET MUNIMEN. — De Coëtgoureden, en Bretagne. (Porte une croix.)

IN DEFENS. (*Pour ma défense.*) — « Devise de l'ordre de Saint-André, ou du Chardon qui avait un *chardon hérissé* et *fort piquant*, avec ce mot écossais : *in defens*, voulant signifier que les chevaliers n'étaient armés que pour se défendre contre ceux qui les attaqueraient. Le jésuite *Petra Sancta* donne à ces chevaliers pour l'âme de leur devise, *nemo me impune lacessit.* » (*Le P. Bouhours.*)

INDÈ FORTUNA ET OTIUM. — M. Scribe, et pour armes parlantes deux plumes en sautoir.

IN DEO SPES MEA. « (*Une femme dans un oratoire, vêtue à la romaine, ayant les bras en croix et dressés vers un Saint-Esprit, entouré de rayons de lumière.*) — Devise d'Élisabeth d'Autriche, femme de Charles IX, roi de France. » (*Le P. Anselme.*)

INDOCILIS JUGUM PATI. — Guillaumanches de Boscage.

INDO FŒCUNDIOR AURO. (*Épis de blé.*) *Jetons de Louis XIII.*

INDOLE BONUS. — Le baron Séguier, premier président de la cour royale de Paris, pair de France.

IN DOMINO CONFIDO. — De Navaisse. — Le marquis de Chapt de Rastignac, pair de France. — Paulet Fumée, conseiller et maître d'hôtel de la reine Anne, officier de la maison de Renée de France.

Jeton du XVIe *siècle.*

IN DOMINO FACIS VIRTUTEM. — Pontis des Dourbes.

INDOMITUM DOMUERE CRUCES.—Devise de la maison de la Croix de Chevrières, de Saint-Vallier, originaire du Dauphiné, par allusion à ses armes qui est : « d'azur à la tête et col de cheval animé d'or, au chef cousu de gueules chargé de trois croisettes d'argent. »

INDOMITUS FERIT. — Guillaumanches de Boscage. (Voir plus haut *Indocilis*, etc.)

INDUSTRIA. — Fettes.

INDUSTRIA ET VIGILANTIA. — Baron de Wachter-Lauterbach.

INÉBRANLABLE. — Baronnets Acland, en Angleterre.

IN EXCELSIS. — Gaillard.

INFESTANT LUCEM, NON FUNESTANT. (*Nuages*

placés entre le soleil et la terre.) — Marie de Bourbon, princesse de Carignan.

Jeton de 1645.

In fide perseverantia. — De Reynier.

In fide sta firmiter. — Guillard, en Beauce et Bretagne. (Porte des bourdons.)

Infinita decus lilia mihi præstant. — Devise de la ville de Doullens.

Inflexus stimulis omnibus. — Pierre Le Goux.

In fœdera veni. (*Un arc-en-ciel.*) — Marie-Thérèse-d'Autriche, femme de Louis XIV.

Infractus et fidelis. — Tartereau de Berthemont.

Infra idem supraque manus. — J. Soirot, maire de Dijon.

Jeton de 1646.

Infringet solido. — Maugiron de Montléans.

Ingenia hominum rem publicam faciunt. — Devise accompagnant un monogramme en capitales gothiques composé des lettres A. P. entrelacées : André Potier, savant bibliothécaire, à Rouen, xixe siècle.

Carte de visite.

INGRATIS SERVIRE NEFAS. — Cugnac.

IN HIS RENASCIMUR OMNES. — Angeville. (Porte trois faces ondées.)

IN HOC FERRO VINCES. — Ferron de la Feronays, en Bretagne.

IN HOC SIGNO SPES MEA. — Comte de Taafe.

IN HOC SIGNO VINCES. — Marescot. — Charpin de Fougerolles. — Jouenne d'Esgrigny. — Trimond de Puymichel. — De la Grée (Bret.) — Tavignon (Bret.) Toutes ces familles portent une croix dans leurs armes. Cette devise se lit aussi sur des jetons de la ville de Bourges du XVIIe siècle, portant une croix; et sur une médaille de Granvelle, archevêque de Besançon, cardinal, ministre de Charles-Quint et de Philippe II, où l'on voit, représenté, un chevalier entouré de ses troupes recevant un drapeau de la main du pape.

IN HOMINE VIRTUS OPPRESSA RESURGET. — Braque.

IN HONORE SENESCE. — Nicolas de Beauffremont, baron de Senecey, bailli de Châlons-sur-Saône, en 1564.

Jeton.

INITIUM SAPIENTIÆ TIMOR DOMINI.—Henri II.

Jeton de 1553.

IN LABORE QUIES. — Baron de Toussaint. — Cette devise se trouve aussi inscrite sur les monnaies de Robert, cardinal de Lenoncourt, évêque de Metz.

IN LABORE REQUIES. — J. Stata, conseiller du roi François Ier, maître des comptes en Piémont et Savoie.

Jeton de 1541.

IN MAGNIS VOLUISSE SAT EST. — Comte de Ross.

IN MANIBUS DOMINI SORS MEA. — Labroue.

IN MANIBUS PORTABUNT TE, QUONIAM IPSE LIBERAVIT ME. (*Hercule et Antée.*) — Henri II, au sujet de la prise de Calais en 1558.

Jeton.

IN ME FEL NULLUM. — Gaigne d'Ornée.

IN MELIUS. — Antoine du Mesnil, lieutenant général du duc de Lorraine, au bailliage d'Arc.

Jeton.

IN MOTU IMMOTUM. (*Étoiles.*) — Devise de

Louis, cardinal d'Este, fils d'Hercule II, duc de Ferrare et de Renée de France.

Sur un jeton d'argent à ses armes, 1579.

INNOCUIS NON DEFICIT UNQUAM. — Sur un jeton d'argent aux armes et au nom de Marie de Médicis, reine de France et mère du roi. 1631, dernière année de son séjour en France.

IN NOMINE TVO SPERNEMVS INSVRGENTES IN NOBIS. (*Un cavalier armé de toutes pièces.*) — Devise d'Antoine Cavelier, imprimeur à Caen, au XVIIIe siècle.

IN OMNEM TERRAM SONUS EORUM. — François de Bourbon-Conti, prince de Châteaurenaud, et sa femme Marguerite de Lorraine. — Guise.

Jetons et monnaies.

IN OMNIBUS CARITAS. — Brossais de Saint-Marc, évêque de Rennes en 1841, archevêque en 1858.

IN OMNIBUS FIDELIS. — Baron Borsch de Borschod.

IN OMNI MODO FIDELIS. (*Un grand lévrier courant dans une plaine.*) — Devise de l'étendard de la compagnie des gendarmes écossais, une des quinze compagnies que le roi Charles VII institua en 1447, et encore en activité sous Louis XIV.

In periculo intrepidus. — Baron de Brady.

In prælia promptus. — Lubersac. — De Luker, en Bretagne et Orléanais. (Porte des chevaux.)

In sanguine fœdus. — Devise de l'ordre de Saint-Janvier, créé par dom Carlos, roi des Deux-Siciles, en 1738.

Insignis proprio decore. (*Une perle montée en pendeloque.*)—La Grande Dauphine, Anne-Marie-Christine.

Jeton de 1688.

Insomni custodia. (*Chien couché sur un coffre-fort.*) — Chambre des comptes de Dijon.

Jeton de 1606.

In spe. — Fallet.

In spe contra spem. — Scépeaux. — Baron de Christiani de Rall et Hernau.

In spe et consilio. — La Grange.

In spinis collige rosas. (*Une couronne d'épines.*) — Claude Thiboust, imprimeur, mort en 1678.

INSTANT MAJORA PERACTIS. — Henri, duc d'Anjou.

Jeton de 1571.

INTACTA! (*Cri.*) — Fages.

INTACTA SEMPER SANGUINE NOSTRO. — D'Elbée (Ile de France).

INTAMINATIS FULGET HONORIBUS. — Le marquis de Lally-Tollendal, pair de France. — B. Euvrard, maire de Dijon. — Michel Phelypeaux de la Vrillière, archevêque de Bourges. (Porte des hermines.)

Jetons de 1629, 1680.

IN TE, DOMINE, SPERAVI. — Cette devise se trouve reproduite sur la lame d'une épée espagnole, de l'armurier *Juan Martinez in Toledo*, déposée au musée de Dijon. — Jean Prunier, receveur du Forez. (*Homme debout, joignant les mains.*)

Jeton du XVI*e siècle.*

IN TE, DOMINE, SPERAVI, NON CONFUNDAR IN ÆTERNUM.—Marc'hec ou Marec, en Bretagne (*chevalier*, en français). Sur une lame d'épée à deux tranchants, de notre collection, se lisait, en deux parties, cette même devise.

INTEGRITATE ET CONSTANTIA. — Baron de Parascowitz-Gasser.

In tenebris adest. — Lamothe.

Inter aspera, mitis.— Macé, en Bretagne.

Inter eclipses exorior. (*La constellation de la coupe céleste.*) — « Autre devise que quelques auteurs donnent à Louis XII pour montrer qu'il a succédé à Charles VIII, mort sans enfants mâles, mais qui convient mieux à François II, puisque ces paroles : *inter eclipses exorior*, sont gravées sur une médaille de ce prince, qui, selon la remarque d'un savant mathématicien, naquit dans une année où il y eut quatre éclipses. » (*Le P. Bouhours.*)

Au nom de François, dauphin, duc de Bretagne, depuis François II, il existe de nombreux jetons, montrant d'un côté une plante de lis entre le soleil et la lune.

Inter magnos, semper major qui melior. — P. Comeau, maire de Dijon.

Jeton de 1645.

In terris regnat et astris. — « Devise de la Taille des Essarts, tué à Montcontour, qui, faisant allusion au double mérite de sa maison, entourait le lion de ses armes de la devise ci-dessus. Cette famille était originaire du Gâtinais. » (*Saint-Allais.*)

Inter spinas etiam lilia florent. (*Un lis*

croissant au milieu des épines.) — Le Grand Dauphin, fils de Louis XIV.

Jeton allemand.

INTER TRES MAGNOS BIS MAJOR. — P. Terrion, maire de Dijon.

Jeton de 1641.

IN TE SPERANT, DOMINE, OCULI OMNIUM. — Devise de la ville de Nantes, qui porte un vaisseau dans ses armes.

Jetons.

INTREPIDÈ. — Grimaud-Becque ou Bègue.

IN TRINO OMNIA, ET UNO. — Guerin.

IN TUTO DEL CORE. — C.-P.-F. de Beauvillier, duc de Saint-Aignan, pair de France. (Porte des merlettes.)

IN UTRUMQUE PARATUS. — Vulson de la Colombière. — « Jean de la Taille, auteur dramatique, seigneur de Faronville, sous Henri IV, et qui fut blessé d'un coup de lance en combattant près de ce monarque. Il portait pour devise parlante, le lion de ses armes tenant un livre et une épée avec les mots ci-dessus. » (*De Saint-Allais.*)

IN VARIIS NON VARIUS. — Tisson du Montet. (Lorr.)

IN VARIIS NUNQUAM VARIUS. — Legrand.

INVENIUNT ET IN ASTRA VIAM. — N... Fremiot, archevêque de Bourges.

Jeton de 1620.

IN VIRIDI TENERAS EXURIT FLAMMA MEDULLAS. — Devise composée par Politien, pour Pierre de Médicis, frère de Léon X.

INVENTIS FIDUS ABSTINET. (*Un chien de chasse qui, ayant découvert des perdrix, se couche à terre et les arrête sans se jeter dessus.*) — Devise de M. Bochart de Champigny, surintendant des finances.

INVIA VIRTUTI NULLA. — Floyd, en Bretagne.

INVIA VIRTUTI NULLA EST VIA. (*Un Hercule domptant des monstres.*) — Henri IV. « Symbole de ses travaux et de la rébellion qu'il dompta. » (*Le P. Anselme.*) — Moyria. — Carlowitz.

INVICTA VINCIT OMNIA VIRTUS. (*Femme assise sur un cube.*) — Roger de Bellegarde, grand écuyer de France.

Jeton de 1639.

INVICTO FULMINE CRESCET. — Du Verdier.

INVIDIA MAJOR. — Comte d'Algarotti.

INVINCIBLE. — Brun de Montesquiou.

IN VIRTUTE DECUS. — Baron de Haus.

IN VIRTUTE ET HONORE SENESCE; OU IN VIRTUTE SENESCE. — Senecey.

IN VIRTUTE VIS. — Du Boisgelin, en Bretagne.

INVITANT PRETIIS ANIMOS. — Compagnie de l'Arquebuse de Dijon.

Médaille du XVIIIe siècle.

INVITO FUNERE VIVET. (*Un phénix sur un brasier.*) — Devise faite pour Jeanne d'Arc. « La vertu de la Pucelle d'Orléans durera éternellement, quoique les Anglais l'aient brûlée. » (*Le P. Anselme.*)

IO LA DIFESIS. — Monnier de Bonaparte.

IOUL DOUÉ. (*La volonté de Dieu.*) — Le Gonidec. — De Kerliviry, en Bretagne.

IOUL DOUÉ, SEL PÉ RI. (*La volonté de Dieu, prends garde à ce que tu feras.*) — De Portzmoguer, en Bretagne.

IPSI PERIBUNT, TU PERMANEBIS. (*Un porc-épic.*) — B. de Cirey, maire de Dijon.

Jeton de 1509.

Ispero in deo. (*L'espérance debout.*) — Camille Buondelmonti.

Médaille.

Item, item. — De Coëtmen, en Bretagne.

Iter ruina quærit. (*Un torrent.*) — Le connétable Gaucher de Châtillon. « Son courage lui faisait vaincre toute sorte d'obstacles. » (*Le P. Anselme.*)

Iterum virescet. — D'Estimbrieuc, en Bretagne.

It prævia phœbo. (*L'Aurore sur son char.*) — La Dauphine, Marie-Josèphe de Saxe.

Jeton de 1751.

J

J'adore dieu, mon seigneur, d'un cœur sincère. (Traduction de l'arabe.) — Sur le cachet d'Aly, prince sarrasin, cousin germain et gendre de Mahomet, successeur d'Othman, en 660.

J'ai bon bec et bon ongle. — Macheco de Premeaux.

J'ai en elle confiance. — Jannel.

J'ai le corps délié. — Devise de l'ordre de la Cordelière, institué en 1498 par Anne de Bretagne, épouse de Charles VIII, roi de France, et en secondes noces de Louis XII. — « Cette devise fait allusion à la mort de Charles VIII, par laquelle Anne se trouvait affranchie des lois et du joug du mariage. » (*Hermant.*) — Montagu.

J'aime et suis aimé. (*Un dauphin.*) — Le Grand Dauphin, fils de Louis XIV.

Jeton allemand.

J'aime mon dieu, mon roy, mon pays. — De Kirvan. (Bretagne.)

J'aime qui m'aime. — De Beaumanoir, en Bretagne.

J'aime qui m'aime, aultrement non. — Le poëte Charles, duc d'Orléans, fils de Louis de France, duc d'Orléans et de Valentine de Milan.

J'ai valu, vaux et vaudrai. — Vaudrey, en Franche-Comté.

Jamais. — Devise de Charles VI, qui se lisait, à Saint-Denis, sur son tombeau le long de ses vêtements, et qui se trouve sur une miniature d'un manuscrit des dialogues entre Pierre Salmon et Charles VI.

Jamais arrière. — Douglas, comte de Morton (Grande-Bretagne et France). — Le comte de Selkirk (Douglas), en Écosse. — Benevans.

Jamais en vain. — Du Cambout de Coislin en Bretagne.

Jamais hors de l'ornière. — La Tremoille.

Jamais las d'acher. — D'Achey, en Franche-Comté.

Jamais lasse. — Melpomène, 7e muse.

Jam illustrabit omnia. (*Un soleil levant.*) — Philippe II. « Dans le temps que Henri II prit le croissant avec ce mot : *Donec totum impleat orbem*, Philippe II prit le soleil levant avec ces paroles : *Jam illustrabit omnia.* » (*Le P. Bouhours.*)

Jam quantus in ortu. (*Le soleil levant.*) — États de Bourgogne.

Jeton de 1743.

Jam solitus vinci. (*Un lion blessé.*) — États de Bourgogne.

Jeton de 1674.

JA NE SERA CHANDÉE. — Chandée.

J'ATENS L'HEURE. — Erato, la 4e muse. xve siècle.

J'AVANCE. — Baronnet East, en Angleterre.

J'AY BONNE CAUSE. — Thynne, marquis de Bath, en Angleterre.

J'AY LE CORPS DÉLIÉ. — Devise de l'ordre de la Cordelière, institué en 1498 par Anne de Bretagne, veuve de Charles VIII et femme de Louis XII, roi de France. — Montagu.

J'AYME À JAMAIS. — Baronnet James, en Angleterre.

J'AYME QUI M'AYME. — Beaumanoir de Lavardin.

J'AY VALU, VAULX ET VAULDRAY. — De Vaudrey, en Franche-Comté.

J. D. D. (*Jussu Domini Dei.*) — Delley, seigneur d'Agnens et de Blancmesnil.

JE CROIS POUR ÊTRE UTILE. — André de Renoard.

JE L'AI EMPRINS. — Charles le Téméraire, duc de Bourgogne, mort en 1477.

Jeton du xve *siècle.*

JE L'AI EMPRINS, AUTRE N'ARAI. — Charles le Téméraire, duc de Bourgogne.

Jeton du XVe siècle.

JE L'AI EMPRINS, BIEN EN ADVIEGNE. — Charles le Téméraire, duc de Bourgogne.

JE L'AI EMPRIS, BIEN EN AVIEGNE. (*Deux fusils ou briquets et une pierre à feu avec un mouton au milieu.*) — « Devise de Charles, dernier duc de Bourgogne, dit le Hardi. » (*Le P. Anselme.*)

JE L'AI GAGNÉE. — Montchal. — Simiane.

JE L'AY GAIGNÉE. — Devise accompagnant un écusson armorié, soutenu par deux sauvages, surmonté d'un timbre posé de 3/4, orné de lambrequins avec couronne de marquis, et pour cimier un homme à mi-corps tenant une masse d'armes. L'écu porte de... au chef de... chargé de trois molettes d'éperons de....

Sur la couverture d'un livre.

JE LE FERAY. — Le comte de Nevers.

JE L'ENVIE. (*Un bâton noueux.*) — Devise de Louis d'Orléans, oncle de Charles VI, faite contre le duc de Bourgogne.

JE LES ÉPROUVE TOUS. — Coligny.

Je le tiens. (*Un rabot.*) — Devise de Jean sans Peur, duc de Bourgogne. — Thicknesse-Tuchet (lord Andley), en Angleterre.

Je le vueil. (*Je le veux.*) — Binet.

Je loue dieu. — P. Petit, maire de Dijon.

Jeton de 1580.

Je maintiendray. — « Devise que le roi Guillaume III, roi d'Angleterre, conserva pendant son règne, outre celle de : *Dieu et mon droit.* — Cette devise : *Je maintiendrai*, était celle des princes d'Orange ses ancêtres. » (*Saint-Allais.*) — Harris (comte de Malmesbury), en Angleterre. – Croy. — Croy de Solre. (Flandres.) — Le roi des Pays-Bas.

Je me contente. — Coëtgourhedenc (Bretagne) ou Coëtgoureden. — Croisy de Montalent. — Phelippes de Billy.

Je me fie en dieu. — Le baronnet Bloys. — Windsor, comte de Plymouth, en Angleterre.

Je me recommande humblement a dieu.

Jetons des ducs de Bourgogne, comtes de Flandres, XVe siècle.

Je meurs ou je m'attache. — De Hell.

J'EN AI LA GARDE DU PONT. — Sassenaye (Dauphiné). — Bérenger.

JE NE CÈDE A NUL AUTRE. — Chabannes.

JE NE CHERCHE QUE UNG. — Le comte Northampton, en Angleterre.

JE N'OUBLIERAI JAMAIS. — Hervey, comte de Bristol, en Angleterre.

J'EN REJOINDRAI LES PIÈCES. — De Monspey, en Bresse et Beaujolais.

JE PENSE. — Wemyss-Charteris. — Douglas (comte de Wemyss et de March), en Angleterre.

JE PENSE PLUS. — Erskine (comte de Marr.), en Angleterre.

JE RAPPORTE FIDÈLEMENT CE QUE JE TROUVE. — Le généalogiste Chevillard.

JÉRUSALEM ! (*Cri.*) — André II, roi de Hongrie.

JE SCAY SANS DOUTANCE AU POINE SANS OFFENSE. — Baygnan de la Jommeraye.

JE SÈME L'OR. — Château-Briant.

JE SERS. — Fialin de Persigny. (Dauphiné et Ile de France.)

J'ESPÈRE GUÉRIR. (*Anagramme de Pierre Séguier.*) — Pierre Séguier, lieutenant-général, au bailliage de Chartres.

Jeton du XVIe siècle.

JE SUIS PRÊT. — Maxwel (le comte Farnham), en Irlande. — Baronnet Fraser, en Angleterre.

JESUS, MARIA. — Oratoriens. — Devise en deux mots, enfermée dans une couronne d'épines.

JÉSUS, MARIA, MORI MEMENTO. — Verset employé par Henri III, avec la tête de mort et les larmes, à l'occasion de la mort de Marie, princesse de Condé.

JE VEILLE. — Michal de la Palu.

JE VEUX LE DROIT. — Baronnet Duckett, en Angleterre.

JE VIVE EN ESPOIR. — Rons (comte de Stradbroke), en Angleterre.

JHESUS TU ES GRAND. — Hugues Tixerant, maire de Dijon.

Jetons de 1569, 70, 71.

J'INSTRUIS ET J'INTÉRESSE EN FOUDROIANT LE

CRIME. (*La Tragédie.*) — Sur une médaille de Crébillon, poëte tragique.

1674, 1762.

J'IRAI SONNER JUSQUE DANS LES CIEUX. — La Font. — La Font de Savines.

JOIE SANS FIN A GOUDELIN. — Goudelin, en Bretagne.

JOIR EN BIEN OU JOIE EN BIEN. — Baronnet Beckwith, en Angleterre.

JOUR DE MA VIE ! — Le comte Delawar, en Angleterre.

JOYEUX ESPOIR. — Rumet, en Ponthieu.

JUBET AGNUS ARIS. — Birague.

JUNCTA ORBEM IMPLENT. — « Devise faite aux noces de Charles, duc de Savoie et de Catherine d'Autriche dont les deux C, lettres initiales de leurs noms, joints ensemble, font un cercle. » (*Le P. Menestrier.*)

JUNGITQUE, REGITQUE DUX AMOR. (*Aigle et aiglons volant vers le soleil.*) — États de Bourgogne.

Jeton de 1698.

JURIS LILIUM LEGIMUS. — Millières.

Jus est in armis. — Jean II d'Anjou, duc de Lorraine et de Bar (vers 1460).

Jeton.

Jusques a ma fin. — Aymon de Salvaing, en Dauphiné.

Jusques aux nues. — Calliope, la 1re muse. xve siècle.

Jusques ou ? — Borel d'Hauterive.

Just and valiant. (*Juste et vaillant.*) — Devise de la maison de Tolendal, branche de l'ancienne et illustre maison d'O-Mu-Lally, du royaume d'Irlande.

Médaille.

Juste et droit. — Baronnet Whichcote, en Angleterre.

Justice et liberté. — Le comte Germain, pair de France.

Justiciæ columnam sequitur leo. — Poyet de Beine. (Porte 3 colonnes d'or dans ses armes.)

Justitia ante eum ambulabit, et ponet in via gressus suos. — François d'Orléans-Angoulême, qui fut depuis François Ier. — Marguerite d'Alençon.

Plusieurs jetons du xvie siècle.

JUSTITIÆ COMES MAGNANIMITAS. — La ville de Dijon.

Jeton de 1584.

JUSTITIÆ ET ARMIS. — Devise d'une médaille offerte en 1637 par la ville de Dôle à Jean Boivin, président du parlement.

JUSTITIA ET ARMIS DOLA. — La ville de Dôle.

JUSTITIA MIHI CONSTANS ET PERPETUA VOLUNTAS. — Marc.

JUSTITIA TANTUM. — (*Balances, une épée nue et une branche de laurier posées en sautoir.*) — « Jeanne II, reine de Sicile, voulant montrer qu'elle désirait conduire ses actions selon la justice, ce qu'elle n'observa pas. » (*Le P. Anselme.*)

JUSTUM ET TENACEM. — Davoust.

JUSTUS AMAT LUCEM. — Charlé de Tyberchamps. (Pays-Bas.)

JUSTUS ET FORTIS. — Th.-A., comte de Lally-Tolendal, gouverneur des possessions françaises dans l'Inde, mort baillonné, à Paris, en 1766.

Cachet.

Justus et propositi tenax. — Baron Cattanei de Momo.

Justus ut palma. — Comte de Palm, en Allemagne.

Justus ut palma florebit. (*Saint-Louis.*) — La Sainte-Chapelle de Dijon.

Méreau de 1575.

Juvat pietas. — Riquetti-Mirabeau et Caraman, en Provence.

Juvenisque, senexque tuetur. — J. de Frasans, maire de Dijon (8e élection).

Jeton de 1662.

J'y entrerai, si le soleil y entre. — « Jean de Luxembourg, bâtard de Saint-Paul, portait dans sa bannière un soleil et sur le timbre une queue de renard; pour devise, celle qu'on vient de lire. » (*De Laigue.*)

J'y parviendray croy. — Philippe, sire de Croy, duc d'Arschot.

Jetons de 1554 et 1562.

K

Ker guen hag halégueg. (*Blanc comme du saule.*) — Du Halegoët, en Bretagne.

Ki sen (*qui son*) don doune et puis le plaint, le grase de sen don restraint. — Dreux-Bretagne et Châtillon-Saint-Pol.

Jeton du XIV*e siècle.*

Kraft im recht. (*La force dans le droit.*) — Prince de Metternich. — Winneburg. — Ochsenhausen, en Autriche.

L

Laborare et lætari. — P. Canquoin, prévôt de la monnaie de Dijon.

Jeton de 1595.

Labore et fide. — M. Prosper Dupré, numismatiste.

Cachet, XIX*e siècle.*

Labore et studio. — Linglois, à Besançon.

Jetons de 1665 à 1669.

LABORE ET ZELO. — Prince Bezborodko.

LABORI REDDITA MERCES. (*Un trophée d'armes.*) — Nicolas Cupif, maire d'Angers, en 1671.

Jeton.

LABOR OMNIA VINCIT. — Devise de Simon Lourdet, le premier qui fabriqua, en France, des ouvrages de tapisserie pour la couronne à la façon de la Perse et du Levant. Il fut anobli par Louis XIII, en 1627. Il porte une ruche entourée d'abeilles dans ses armes.

LACA EVEZ. (*Prends garde.*) – De Keranguen, en Bretagne.

LACESSITUS. (*Un cygne terrassant un aigle.*) — Hercule de Gonzague.

LACRIMÆ HINC DOLOR. (*Une lance brisée.*) — Sur une médaille de Catherine de Médicis, reine de France.

LA DROITE VOYE. — Montchenu, en Dauphiné, par allusion à la bande de ses armes.

LÆSUS SED INVICTUS. — Baudry des Lozières.

LÆTA DEUM PARTU. (*Cybèle.*) — Philippe, duc d'Orléans, frère de Louis XIV; allusion à sa naissance.

Jeton de 1644.

LA ET NON PLUS. — Antoinette de Bourbon-Vendôme; épouse, en 1513, Claude, duc de Guise.

Jeton.

LA FOLIE ! (*Cri de guerre.*) — Cayeux.

LA FORTUNE PASSE PARTOUT. — Le baron Rollo, en Écosse.

LA FOY ET LE ROY. — Damesme, en Normandie et en Bretagne.

LA FOY, LA LOY ET LE ROY. — Hemricourt de Grunne (Pays-Bas).

LA FOY, LE ROY, LA LOY. — Lattier (branche de Bayonne).

LA FOY QUE JAY. (*Une foi enflammée.*) — Françoise de Luxembourg, dame de Fiennes et d'Armentières, comtesse de Gavres, veuve, en 1528, de Jean, comte d'Egmont.

Jeton de 1538.

LAISSEZ COURSON TENIR CE QUE COURSON A PRIS. — Une branche de la famille de Courson, établie en Angleterre.

LAISSEZ FAIRE OU LAISSEZ, LAISSEZ. — De Kerouzeré, en Bretagne. (Porte un lion.)

L'ALTE NON TEMO. (*Je ne crains pas de m'é-*

lever.) — Le comte de Chapelles. — Mme de Sévigné raconte ainsi l'origine de cette devise : « Vous m'avez entendu mille fois ravauder sur ce demi-vers du Tasse, que je voulais employer à toute force : *l'alte non temo ;* j'ai tant fait que le comte de Chapelles en a fait faire un cachet avec un aigle qui s'approche du soleil. »

La main a l'œuvre. — De Villiers, de l'Ile-Adam, à Paris, et en Bretagne. (Porte un dextrochère, etc.)

L'ame delle n'ha ire. — Anagramme d'Hélène Maillard, femme de N. de Frasans, en Bourgogne.

Jetons de 1572 et 1573.

L'ame et l'honneur. — Plœuc. — Le Cardinal, en Bretagne. — De Timur. — Collet la Chasserie.

La mort n'y mord. — Devise de Clément Marot.

Médaille.

L'amour de dieu est pacifique. — « Légende en forme de devise tracée autour du médaillon oval pendant au collier de l'*ordre militaire de Sainte-Madeleine*, fondé vers 1614 par un gentilhomme breton, avec l'approbation de Louis XIII. » (*Hermant.*)

LANDAS! (*Cri de guerre*). — Bailloncourt ou Baillescourt.

LA, NON AILLEURS. — Rosset-Amareins.

LA NON PAREILLE. — Du Juch, en Bretagne. — Uranie, la 2e muse (xve siècle).

LÀ OU AILLEURS. — De la Baume-Falconnet, en Franche-Comté.

LÀ OU AILLEURS, KERGARIOU. — De Kergariou, en Bretagne.

LASCARORUM FELICITATI. — Lascaris.

LASSUS FIRMIUS FIGIT PEDEM. — La Roche.

LA TOUR DU SEIGNEUR EST MA FORTERESSE. — Sales, marquis de Bullegneville. (Savoie.)

LA TOUR-LANDRY! (*Cri.*) — Crevecœur.

LAUDATUR SIMILI PROLE. (*Une aigle dans son aire avec ses aiglons.*) — La Dauphine, Marie-Josèphe de Saxe.

Jeton de 1756.

LAUREA, PALMA, CEDRUS, GLORIA, FAMA, DECUS. — Vincent d'Hautecourt et de Tournon, en Ponthieu.

— LAUS DEO. — La ville de Lannion, en Bretagne. (Porte un agneau.)

LAUS RECTI. (*Une trompette.*)— C. Le Gouz, seigneur de Gurgy et Vellepesle, receveur pour la Ligue en Bourgogne.

Jeton du XVI*e siècle.*

LA VERTU, EN NOUS, A L'AGE DEVANCÉ. — De Vançay.

LA VERTU MON BUT EST. — Butet.

LA VIE DURANTE. — Baronnet Cornwall, en Angleterre.

LA VOLONTÉ DE DIEU. — Le Gonidec de Kerliviry, en Bretagne.

LÉAUTÉ PASSE TOUT. — Cibon, en Provence et Bretagne.

LE BEL ET BON. — Strozzi (Italie).

LE BON TEMPS VIENDRA. — Le comte d'Harcourt, en Angleterre. — Baronnets Wrey et Farrington, en Angleterre.

LE BOUTON VAUT LA ROSE. — Devise de la maison de Bouton, de l'ancien duché de Bourgogne.

LE CHARRIOL! (*Cri de guerre*)— Bouillé du Charriol.

LE CONTENT EST RICHE. — Lezormel, en Bretagne. — Lugnys.

LE COUP N'EN FAUT. — Arbalestier de Montclar. — Larcher, en Bretagne. (Porte des flèches.)

LE DESSEIN EN EST PRIS. — Gilbert de Colonges.

LE DROIT EST DÛ AU DIMEUR. — Le Déaugner, (en français le *Dîmeur*,) en Bretagne.

LE DUC ME L'A DONNÉ. — Paterin ou Paterins.

L'EFFROY DES SARRASINS. — Mesnil-Simon.

LE JOUR VIENDRA. — Lambton (comte de Durham), en Angleterre.

LE MONDE N'EST QU'ABUS. (*Rébus composé d'un globe, du mot* n'est, *et d'un chou cabus.*) — Jeanne de Commines, fille de l'historien, femme du comte de Penthièvre, morte en 1514. Sur son tombeau, qui était autrefois au couvent des Grands-Augustins.

LENITATIS FORTITUDO COMES. — Lamothe-Baracé.

LENIT VICTORIA MORTEM. (*Un rameau d'olivier et un cyprès posés en sautoir.*) — « Devise donnée à Gaston de Foix, qui mourut victorieux à Ravenne. » (*Le P. Anselme.*)

LEO ANIMALIBUS NOTÆ NOSTRÆ HOMINIBUS LEGES IMPONIT. (*Un lion.*) — Notaires de Bordeaux.

Jeton de 1756.

LEO MERUIT AQUILAM. — Rivarol.

LE PAUVRE DÉSIRE L'AUMÔNIER. — Laumônier.

LE ROY ET L'ESTAT. — Le comte Ashburnham, en Angleterre.

LE ROY LE VEUT. — Le baron Clifford, en Angleterre.

LES BARRES ! (*Cri.*) — Le sieur de Doussart, en Vermandois.

LES COMBATS SONT MES ÉBATS. — D'Andelot, en Franche-Comté.

LES CORBEAUX ! (*Cri de guerre.*) — Bousies.

LESDAING-WALLINCOURT ! (*Cri.*) — D'Orville, en Picardie. — Bourlon.

LES LEZAY, DIEUX DU GRANDVAUX. (*Adage.*) — De Lezay-Marnésia, en Franche-Comté.

LES NOBLES DE CHATEAUROUX. — La famille de Berard.

LE SOUVENIR TUE BOUTON. — Bouton de Chamilly.

LE TEMPS J'ATTENDS. — Lemps.

LE TRONC EST VERT, ET LES FEUILLES SONT ARSES. — D'Arces.

LE VAINQUEUR DU DRAGON. — Gozon.

LEVAT NON ABRIPIT AURA. — Tubeuf.

LÈVE ET RELUIS. — Lawson, (Grande-Bretagne).

LEVI DE SANGUINE PRÆSUL. — Anne de Levi-Vantadour, archevêque de Bourges.

Jetons de 1651 et 1655.

LEVISTON FORTIS EQUES. — De Leviston, originaire d'Écosse, en France.

LE VRAY PERDU. — Devise anagramme de Pierre Duval, évêque de Séez, à l'aide de laquelle il dissimulait son nom; il en avait une autre qu'on trouvera au mot *vray*, etc.

LEX EST QUODCUMQUE NOTAMUS. (*Un cadran solaire.*) — Chambre des notaires de Paris, de Soissons et autres.

Nombreux jetons.

LEX UNA ATTENDERE RECTO. (*Un compas.*) — Trésoriers des États de Provence.

Jeton de 1713.

L'HOMME DE CŒUR EST REDOUTÉ. — Douget de Kerdren, en Bretagne.

L'HOMME DE CŒUR SURMONTE TOUT. — Charnel, en Bretagne.

L'HOMME, SOIS HOMME. — Del'homme.

L'HONNEUR EST MON GUIDE. — D'Aubuisson.

L'HONNEUR GUIDE MES PAS. — La Baume-Montrevel. — Pluvinel. — Le Blanc de Percy.

L'HONNEUR ME RESTE, ÇA ME SUFFIT. — De Roquefeuil, en Rouergue et Bretagne.

L'HONNEUR Y GIST. — Crevant d'Humières. — Ardani, *aliàs*, Arel, en Bretagne.

LIANCOURT INVINCIBLE. — Liancourt.

LIBÉRALITÉ. — Villeneuve, en Provence.

LIBERA NOS DE ORE LEONUM. — Du Botmeur, en Bretagne. (Porte des lions.)

LIBERATORI DEBITAM REPENDO. (*La paix offrant une couronne de lauriers à un guerrier.*) — Conquêtes d'Artois. — États de Bourgogne.

Jeton de 1653.

LIBERTAS ! (*Cri.*) — Le comte d'Honorati, à Saint-Germain. — Beaupré, dans la Marche, 1854. — Capello, à Venise, dont Bianca-

Capello, etc. — Eder de Beaumanoir, de la Fontenelle et en Bretagne. — Magalotti. « La maison de Magalotti, originaire de Florence, ayant fortement soutenu la liberté, porte en chef de gueules, chargé du mot *libertas*. La république de Lucques dans l'écu de ses armes porte le même mot *libertas*. » (*Segoing.*)

LIBERTATEMQUE TUERI AUSUS. — M.-A. Millotet, maire de Dijon.

Jeton de 1654.

LIBERTATE NON FRÆNO. — Franchet de Rans, à Besançon. (Porte une tête de cheval.)

Jetons de 1625, 26, 65, 69.

LIBERTÉ AIGUILLONNE. — Chivallet.

LIBERTÉ TOUT ENTIÈRE. — Butler, comte de Lanesborough, en Irlande.

LIBRATIO CÉLER ET ÆQUA. (*La justice assise tenant des balances.*) — La justice consulaire de Dieppe.

Jeton de 1758.

LI DROICT CHEMIN EST LI COURT. — Le Court, en Bretagne.

LIEGNIÈRES ! (*Cri.*) — Le sieur de Liegnières, en Ponthieu.

LIESSE A MATIGNON ! (*Cri.*) — Goyon de Matignon, en Bretagne.

LIESSE A POLLALION. — Pollalion.

LILIA FRANCIGENUM DEFFENDAM HOC VINDICE FERRO. — Morel.

LILIA IN CRUCE FLORUERE. — Castelbajac.

LILIA NON LABORANT NEQUE NENT. — « Devise des rois de France : elle est prise de l'éloge que le Fils de Dieu donne aux lys dans l'écriture. On lui fait faire allusion à la loy salique, qui exclud les filles de la royauté. » (*Le P. Menestrier.*)

LILIA SUSTINET VIRTUS. — Rochefort (Foretz).

LILIA TERNA GERO, TRIPLEXQUE MIHI ANNULUS ARMIS. — La ville de Jargeau-sur-Loire. (Porte trois annelets, et en chef trois fleurs de lis.)

LILIIS TENACI VIMINE JUNGOR. — Devise de la ville d'Amiens.

LILIUM INTER SPINAS. — Le collége des Grassins, à Paris, accompagnant les armes de cette maison.

Sur une couverture de livre.

LILIUM PRO VIRTUTE. — De Sartiges, en Auvergne. (Porte une fleur de lis en chef de ses armes.)

LINEA RECTA BREVISSIMA. — M. Guizot.

Sur la garde de ses livres.

LIST, LIST. (*Laissez, laissez.*) — De Kerouzeré, en Bretagne. (Porte un lion.)

LITTORA PRÆDATUR. — De Keramanach, en Bretagne. (Porte un cormoran.)

LONGÈ LEVIS AURA FERET. — Le duc de Foix.

LONGVILLERS ! (*Cri.*) — Les sieurs de Caïeu, de Longvillers, en Ponthieu.

LOS EN CROISSANT. — Devise de l'*ordre du Croissant* ayant pour corps un *croissant* et pour âme la devise ci-dessus ; institué par René d'Anjou, roi de Sicile et de Jérusalem.

LO SOY QUE SOY. — Grammont.

LOUÉ SOIT DIEU. — Du Bois.

LOVIERS LE FRANC. — Devise octroyée aux habitants de Louviers (Eure), par Charles VII, en 1441, *en mémoire* de leur loyauté, et dont cette ville accompagne aujourd'hui ses armes.

LOYAL. — Le comte Demont, pair de France.

LOYAL AU MORT. — Baronnets Laforey et Chatterton, en Angleterre.

LOYAL DEVOIR. — Le baron Carteret, en Angleterre.

LOYAL ET GAI. — Bourrelier de Malpas ou Maupas, en Franche-Comté.

LOYAL JE SERAI DURANT MA VIE. — Le baron Stourton, en Angleterre.

LOYAL OU MORT. — La Forey.

LOYAULTÉ N'A HONTE. — Fiennes-Pelham-Clinton, duc de Newcastle, en Angleterre.

LOYAUMENT. — Les ducs d'Alençon.
Jeton du XVe siècle.

LOYAUTÉ DE MONTRICHARD. (*Adage.*) — De Montrichard, en Franche-Comté.

LOYAUTÉ M'OBLIGE. — Baronnet Bertie et le duc d'Ancaster, en Angleterre.

LOYAUTÉ PARTOUT. — De Penancouët de Kerouazle, en Bretagne.

LUCA EVEZ. — Keranguen.

LUCENT, LUCENTE DIANA. (*La lune au milieu*

des étoiles.) — Charles de Lorraine, duc de Guise.

Jeton de 1620.

LUCE REGUNT, MONSTRANTQUE VIAM. (*Un vaisseau voguant à la lumière d'une étoile et du croissant de la lune.*) — François Bochart de Saron, évêque de Clermont.

Deux jetons de 1693.

LUCET IN TENEBRIS. — De Laurencin, en Lyonnais et Bretagne. (Porte des étoiles.)

LUCIDIOR DUM CRESCIT. (*La lune, en son premier quartier.*) — Marie-Adélaïde, duchesse de Bourgogne.

Jeton de 1705.

LUIT EN CROISSANT. — Jouffray.

LUMEN RECTIS. (*Une colonne ardente, à l'imitation de celle qui conduisait le peuple d'Israël, quand il sortit d'Egypte, en laquelle était un rouleau couronné avec les paroles ci-dessus.*) — Devise de François II, roi de France. — Louise de Lorraine, abbesse de Soissons. (Porte une tour surmontée d'une croix.)

Jeton armorié de Lorraine, 1698.

LUMINE SIGNAT ITER. (*Étoile lumineuse.*) — Louis XIV, comte d'Artois.

Jeton de 1656.

LVNA DVCE, AVSPICE MOMO. — L'une des devises du régiment de la Calotte, inscrite sur la médaille grand bronze de cette société satirique du XVIIIe siècle.

L'UN DES NEUF BARONS DE CATALOGNE. — De Pins. (Guyenne et Languedoc.)

L'UNION FAIT LA FORCE. — Le royaume de Belgique.

LUPUS IN FABULA. — Louvat.

LUSTRAT NEC PEREDIT. (*Flammes entourant l'écu de Dijon.*) — J. Venot, maire de Dijon.

Jeton de 1619.

LUX ET DUX. — Le cardinal duc d'Isoard, archevêque d'Auch, pair de France.

LUX ET VIRTUS MEÆ. — Jassand.

LUX IN TENEBRIS, ET POST TENEBRAS SPERO LUCEM. — Devise de la maison de Laurencin, en Franche-Comté et Lyonnais. (Porte des étoiles.)

LUX NOSTRIS, HOSTIBUS IGNIS. — Le cardinal de la Fare, archevêque de Sens et d'Auxerre, duc et pair de France. (Porte trois flambeaux.)

LUX UNA TRIBUS. (*Le soleil éclairant trois couronnes différentes, posées près d'un édifice.*) — La Grande Dauphine, Anne-Marie-Christine.

Jeton de 1690.

M

M'ACHETER POUR LIRE, CAR ON S'INSTRUIT AINSI. — Devise de Caron, bibliophile et littérateur.

Sur l'étiquette de ses livres.

MAD È QUÉLEN È PEB AMSER. (*Un conseil est bon en tout temps.*) — Alleno, en Bretagne.

MAD HA CAER. (*Bon et beau.*) — Du Cosquer, en Bretagne.

MAD HA LÉAL. (*Bon et loyal.*) — Le Rodellec, en Bretagne.

MA FORCE D'EN HAUT. — Malet de Graville. — Baronnet Mallet, en Angleterre.

MAGIS AC MAGIS. — Prevost de la Croix (Ile de France et Bretagne).

MAGNES AMORIS, AMOR. — Esme Joly, maire de Dijon.

Jeton de 1616.

MAGNI SPES UNICA RURIS. (*Un pommier en fleurs.*) — La Dauphine, Marie-Josèphe de Saxe.

Jeton de 1749.

MAGNUS AMORIS, AMOR. — Joly, en Bretagne. (Porte un lis au naturel.) — (Voir le mot *Magnes* ci-dessus.)

MAGNUS INTER PARES. — Montecler.

MAGUIT MAD. (*Nourrissez bien.*) — De Lescoat ou Lescouët, en Bretagne.

MAILLE A MAILLE SE FAIT L'HAUBERGEON. — La famille d'Auberjon de Murinais, en Dauphiné.

MAILLY! (*Cri.*) — Les sieurs de Maubuez, de Trevesach, en Corbiois.

MAILLY O BOS! (*Cri.*) — Le sieur de Mailly-au-Bos, en Corbiois.

MAIN DROITE! (*Cri.*) — Eternac.

MAINTIENS LE DROIT. — Le duc de Chandos. — Baronnet Brydges, en Angleterre.

MAJORES DONEC SUPEREM. (*Un jeune laurier*

parmi de grands lauriers.) — Le marquis de Laurière-Pompadour : devise qu'il prit à sa première campagne.

MAJOR FAMA. — Meynier de la Salle. — Levoyer d'Argenson, marquis de Paulmy.

MAJOR IN PRÆLIIS. — Beaucourroy.

MAJOR SUCCISA RESURGIT. — Pierre Chevignard, maire de Beaune. (Porte un cep de vigne.)

Jeton de 1663.

MAJORUM QUO ME VESTIGIA DUCUNT. (*Femme dans un char, au-dessus des armes de la ville.*) — P. Monin, maire de Dijon.

Jeton de 1678.

MALGRÉ LA TOUR LES ROSES FLEURIRONT. — Rozen.

MALGRÉ LE TORT. — Baronnet Hogton, en Angleterre.

MALO AU NOBLE DUC. (*Cri.*) — Les ducs de Bretagne.

MALO MORI QUAM FŒDARI. — « Jean V dit le Vaillant, duc de Bretagne, prit pour sa devise l'*hermine*, symbole de pureté et de chasteté immaculée ; dont l'âme sont les mots ci-dessus. » (*Le P. Anselme.*) — Devise aussi de l'ordre militaire de l'Hermine, fondé en second par Ferdinand d'Aragon, roi de Naples, vers 1483. — Comte de Gorcey-Longuyon. — Comte de Gourcy-Droitaumont. — Baron de Ryan. — Dumas de Cultures.

MAL SE REPOSE, QUI N'A CONTENTEMENT. — Legge, en Bretagne.

MANCICOURT! (*Cri.*) — Escauffours.

MANET ALTA MENTE REPOSTUM. — De Robien, en Bretagne.

MANET IMMOTA PROCELLIS. (*Un rocher s'élevant du milieu des flots, et dont la cime est entourée de nuages.*) — La Dauphine, Marie-Josèphe de Saxe.

Jeton de 1755.

MANET INCONCUSSA. — Nardin, à Besançon.

Jetons de 1623, 1625, 1627.

MANET ULTIMA CŒLO. (*Trois couronnes, disposées deux et une; deux comme si elles étaient en terre, et la troisième élevée jusque dans le ciel.*) — « Devise de Henri III, faisant allusion aux deux royaumes de France et de Pologne, que ce roi possédait, jusques à ce qu'il allât dans le ciel recevoir la troisième couronne due à sa piété. » (*Le P. Anselme.*) — « Les ligueurs remplacèrent cette devise du roi par celle-ci : *Manet ultima claustro*, la dernière m'attend au cloître. » (*Le P. Bouhours.*)

MANET ULTIMA CŒLO. (*Dans un champ fleurdelisé, les trois lettres L. M. M. couronnées, séparées par une palme et une branche d'hysope, liées.*) — François de Bourbon-Conti, prince de Chateaurenaud, et Louise-Marguerite de Lorraine-Guise, sa femme.

Jeton.

MANIBUS INTAMINATIS. — O'Reilly.

MANSURÆ NUNTIA PACIS. (*Une colombe qui porte en son bec un rameau d'olivier.*) — Jacques, prince de Galles, à Saint-Germain.

Jeton de 1697.

MANU ET CONSILIO. (*Minerve tenant une victoire.*) — Henri, duc d'Anjou.

Jeton de 1570.

MANUS DOMINI PROTEGAT ME. (*Main sortant d'un nuage, étendue sur une marguerite.*) — Marguerite d'Autriche, femme de Philibert de Savoie.

Jeton de 1520.

M'A PIQUÉ LA PLUS BELLE. — Arces de Réaumont.

MAQUIT MAD. (*Nourrissez bien.*)— De Lescouët.

MAR CAR DOUÉ. (*S'il plaît à Dieu.*) — De Kerlec'h, en Bretagne. — Du Chastel, en Bretagne.

MARCHE DROIT. — Des Nos, en Bretagne.

MAR COUEFF, EN EM SAFF. (*S'il tombe, il se relève.*)—Hensaff ou d'Ouëssant, en Bretagne.

MARIA OMNIA CONTRA. (*Navire fendant l'onde à la suite d'un dauphin.*) — Henri IV.

Jeton de 1605.

MARTE ET ARTE. — Renard du Serre. — Comte de Corfey, en Allemagne.

MARTE ETIAM INVICTO. — Bouthelier.

MARTÉZÊ. (*Peut-être.*) — De Traonélorn, en Bretagne. — De Kerautret.

MAS FORTUNAS, MAS VELAS. — Boche, à Arles. (Porte trois voiles dans ses armes.)

MASSILIA CIVITAS. — La ville de Marseille, en 1675, 1828 et de nos jours.

MASSILIAM VERE VICTOR CIVESQUE TUERE. — La ville de Marseille, d'après un sceau de 1691.

Materies superabit opus. (*Main écrivant des louanges sur un parchemin, pendant que la Renommée embouche sa trompette.*) — Henri de Bourbon, prince de Condé.

Médaille et jeton de 1671.

Maternum pertentant gaudia pectus. — M. Elie de Beaumont, seigneur de Canon, en Normandie. — Prix pour la bonne mère.

Médaille et jeton.

Mathan. (*Cri.*) — Mathan.

Maturè. — Mourey de Bartrans, à Besançon.

Jetons de 1625 et 1667.

Mauvais chat, mauvais rat. — Le Chat de Kersaint, en Bretagne. (Porte un chat effarouché.)

Mea gloria fides. — Comte de Kavanagk.

Mediis tutus in undis. — Pontevez.

Meilleur que beau. — De Kerliver, en Bretagne.

Meliora sequuntur. — Le Berruyer, en Bretagne.

Melior fide quam fortuna. — Gresley.

Melior fortuna notabit. — Poillot-d'Oigny. — Louis de Bourbon-Vendôme, cardinal. (Pour corps une table d'attente.)

MELIUS ESSE QUAM VIDERI. — Baron d'Oyen.

MELIUS FRANGI QUAM FLECTI. — Le marquis de Louvois (le Tellier de Souvré), pair de France.

MELIUS MELIORA SECUTI. (*Ancre entourée de lauriers, sur laquelle est perchée une aigle.*) — États de Bourgogne, 1587.

Jeton.

MELIUS MORI QUAM INQUINARI. (*Un cygne.*) — De Montfort, en Bretagne.

MEL REGI. (*Des abeilles.*) — Regnon, en Poitou et Bretagne.

MEMBRIS AGIT ALTERA VULNERA.—Adrien III de Bréauté.

MEMENTO, DOMINE, DAVID. — David, en Bretagne.

MEMINISSE JUVABIT. — Remerville.

MEMORARE NOVISSIMA TUA. (*Trois bêches de fossoyeur.*) — Béchard ou Beschard, en Bretagne.

MENGNY ! (*Cri.*) — Les sieurs de Mengny, de Folleville, de Maucourt, en Vermandois.

MENS OMNIBUS UNA EST. — N. Humbert, maire de Dijon.

Jeton de 1611.

MENSURAM NOMINIS IMPLET. (*Saint-Vincent.*) — Charles de Neuchèses, évêque de Châlons-sur-Saône.

Jeton de 1645.

MENTE MANUQUE. — Baronnets Farquhar, en Angleterre.

ME PONTUS SEQUITUR. (*Un vaisseau en pleine mer, la lune dans son croissant brille au milieu d'un ciel étoilé.*) — Pontus de Thyard de Bissy, évêque de Châlons-sur-Saône.

Jeton de 1570.

ME QUOD URIT INSEQUOR. — Lannoy de Sulmone.

MERCES EXERCITUUM. — Lecointre de Marcillac.

MÉRITEZ. — Le baron Walltham, en Irlande.

MERITI HONORES. — Le comte de Valon d'Ambrugeac, pair de France.

MERITI PRÆCONIA FATI. (*Deux hermines, mantelées, soutenant le globe du monde.*) —

— Charles Bodin, maire de Guingamp, en 1646.

Jeton de 1646.

Meritis augentur honores. — Comte de Lacy. — Peyer, baron de Peyersberg.

Meritis tribuenda refundo. (*Épée, canons et lances en trophée.*)

Jeton des parties casuelles, de 1655.

Merito data palma labori. — Baron de Regenthal.

Meruêre coronam. — Le Baillif, en Bretagne. (Porte des estamaux ou orceaux couronnés.)

Mervel da véva. (*Mourir pour vivre.*) — De Kérérault, en Bretagne.

Mes fidèles sont mes clabauds. — Clabaud, à Abbeville et Amiens. — Devise donnée par Louis XI.

Me spoliavit amor. (*Femme offrant un cœur, qu'elle tient à la main.*) — États de Bourgogne.

Jeton de 1662.

Mesure dure. — Croeser de Bergues, en Belgique.

Mieux j'attends. — Dortans.

MIEUX MOURIR QUE ME TERNIR. — De Cardevac d'Havrincourt, en Artois. (Porte un champ semé d'hermines.)

MIHI FIDELITAS DECUS. — Pinel de la Taule.

MIHI LUMEN AB UNO. (*Étoile éclairée par le soleil.*) — Gaston, duc d'Anjou, puis d'Orléans.

Jeton de 1618.

MIHI PRO ARIS ET REGE ANIMUS. — Willot de Beauchemin, en Franche-Comté.

MIHI TOLLUNT NUBILA SOLEM. (*Un cadran sous un soleil couvert de nuages.*) — « Faite pour Anne d'Autriche, en 1615, lorsque Louis XIII faisait la guerre aux rebelles. » (*Le P. Bouhours.*)

MILLE CLYPEI PENDENT EX EA. (*Une forteresse.*) — États de Bourgogne.

Jeton de 1657.

MI NUTRISCO. (*Une salamandre au milieu des flammes.*) — Devise de François 1er.

MITEM ANIMUM AGRESTI SUB TEGMINE SERVO. — Chaumont d'Amboise. — Charles d'Amboise.

MIT GOTT UND MITT EHREN. (*Avec Dieu et l'honneur.*) — Spiegel, comte de Diesenberg.

MITIS UT COLUMBA. — Saisy, en Bretagne. (Porte des colombes.)

MODERATA DURANT. — Le cardinal Durant. — Saint-Pont.

MODERATE. — Chavirey de Recologne, à Besançon.

Jetons de 1623, 24, 27.

MODERATUR ET URGET. — Le marquis Rouillé de Boissy du Coudray, pair de France.

MOI FRANC ET SANS DOL. — Le comte Salmon du Châtelier, évêque d'Evreux, pair de France (1821-1841).

MON COR ET MON SANG. — Cillart de Kermainguy, en Bretagne.

MON INNOCENCE EST MA FORTERESSE. — Montcalm.

MON MYEUX. — Louis de Luxembourg, comte de Saint-Pol, seigneur de Ham, en Vermandois.

Sculptures à Ham.

MON SANG TEINT LES BANNIÈRES DE FRANCE. — Châteaubriant, en Bretagne.

MONSTRANT REGIBUS ASTRA VIAM. (*L'étoile des rois mages.*) — Devise de l'ordre de l'Etoile, institué en 1351 ou 1352 par le roi Jean.

MONSTRANT SAPIENTIBUS VIAM. — P. Comeau, maire de Dijon. (Porte des comètes.)

Jeton de 1667.

MONSTRAT ITER. (*Le serpent d'Esculape se dirigeant vers un temple.*) — Au revers des jetons de Ph. Hecquet, Abbevillois, doyen de la faculté de médecine de Paris, en 1713.

MONSTRAT VIRTUS HONOREM. — Leborgne.

MONTAUBAN! (*Cri.*)—Le sieur de Basentin, en Vermandois. — Le baron de Basentin, en Boulonnais.

MONTIGNY AU BELIER! (*Cri*). — Glarges.

MONTIGNY-SAINT-CHRISTOPHE! (*Cri.*)— Dauchy.

MONTJOIE! — Simon de Montfort.

MONTJOIE SAINT-DENYS! (*Ancien cri de guerre des rois de France.*) — Devise de la ville de Saint-Denis.

MORIENDO SACRA TUETUR. (*Un bélier égorgé au pied d'un autel.*) — Une des devises du connétable Anne de Montmorency, tué à la bataille de Saint-Denis, pour la défense de la foi.

MORI NE TIMEAS. — Morin, en Bretagne.

MORS ULTIMA LINEA RERUM. — Albert, archevêque de Mayence.

MORTALIA DEMENT. — Comte Nani-Mocenigo.

MORT, NON PAOUR. — La Maladière-Quincieu.

MOULT ME TARDE. — Devise des ducs de Bourgogne de la maison de France. — De la ville de Dijon.

MOURIR PLUTOT QUE SE SOUILLER. — De la Palu.

MOURIR POUR VIVRE. — De Kérérault, en Bretagne.

MOUSTIER SERA MAUGRÉ LE SARRAZIN. — De Moustier, en Franche-Comté.

MOVET PRÆSENTIA MARTIS. (*Guerriers assiégeant une ville.*)

Jeton d'Henri IV, de 1598.

MOY MESMES. — Polymnie, la 5e muse. (XVe siècle.)

M QUI T'M. (*Aime qui t'aime.*) — De Kergos, en Bretagne.

MUD OUD É? (*Es-tu muet?*) — Riou, en Bretagne.

MULTA NOCENT. — Nocey.

MULTA RENASCENTUR. — Marquis de Tallenay, à Besançon. (Porte une gerbe d'épis.)

Jetons de 1623 à 1626.

MULTITUDO PRINCIPUM CORONÆ STABILIMENTUM. (*Trois princes soutenant la couronne royale de France.*) — Charles de Lorraine, duc de Guise, amiral de France.

Jeton de 1613.

MULTO LABORE. — Chevalier du Coudray.

MUNDITIA ET LABORE. — Edme de la Croix, abbé de Citeaux.

MUNDUM VIRTUTE LIBRAT. — Jean de Montpezat de Carbon, archevêque de Bourges. (Porte des balances et un globe.)

Jeton de 1666.

MUNDUS MIHI CRUCIFIXUS EST. — Devise des chartreux.

MURAT! (*Cri.*) — Chapel de la Pacherie.

MUSAS NATURA, LACRIMAS FORTUNA. (*Chante-*

pleure ou *arrosoir d'où découlent des larmes.*)— Devise d'Anne Mallet, fille de Louis Mallet, seigneur de Graville, amiral de France, et de Marie de Balzac.

MUTANDO IMMUTABILIS. — Baron de Mestmacher, en Allemagne.

MY HOPE ES CONSTANT IN THEE. — Macdonald, duc de Tarente, pair de France.

MY PONT DIFFICILE A PASSER. — Mipont. — Favyn Mypont.

N

NASCENDO MATURUS. (*Un champignon.*) — Devise de Gaston de Foix, fait vice-roi de Naples à vingt ans.

NASCITUR ET PERIT IRA. — Arbaud de Jouques.

NATOS ET NOSTRA TUEMUR. (*Un aigle avec deux aiglons dans leur nid, posés sur un rocher, le tout surmonté d'une couronne impériale.*) — La reine Anne d'Autriche, femme de Louis XIII.

NATURELLEMENT. — De Pontcroix, en Bretagne. (Porte un lion.)

NATUS AD SUBLIMIA. (*Un aigle.*) — Devise du prince Eugène.

NATUS SENATUI, RENATUS URBI. — René Perret, conseiller au parlement de Bourgogne, maire de Dijon.

Jeton de 1640.

NEC ADVERSA RECUSO. — D'Estuer de Saint-Mégrin, en Saintonge et Bretagne.

NE CALCULUS ERRET. (*Œil éclairant une table sur laquelle une main compte et range des jetons.*) — E. Piretony, receveur des tailles d'Auxerre.

Jeton de 1659.

NEC ASPERA TERRENT. — Le grand duc de Brunswick-Wolfenbuttel. — Le royaume de Hanovre.

NEC CESSO, NEC ERRO. (*Un soleil.*) — Devise de Louis XIV, dans les fêtes.

NEC CITÒ NEC TEMERÈ. (*Un limaçon, quelquefois une horloge avec poids.*) — Maximilien de Bergues, premier archevêque de Cambrai, 1556-1570.

Jeton de 1561.

NEC DEBILIOR IN DUPLICI CLIMACTERICO. — Fr. Baudot, maire de Dijon, pour la septième fois à 63 ans.

Jeton de 1701.

NEC DENTES, NEC LABRA TIMENT. — Philippe et Jean Baillet, élus du clergé, en Bourgogne. (Portent des chardons.)

Jetons de 1623 et 1634.

NEC DESERENT NEC DESERENTUR. (*Un essaim d'abeilles.*) — États de Bourgogne.

Jeton de 1755.

NEC DOMINARE, NEC DOMINARI. — Matinel.

NEC DUM OMNIS SESE EXPLICAT ARDOR. (*Un soleil levant dissipant les nuages.*) — Le comte de Saint-Paul.

NEC DURA, NEC ASPERA TERRENT. — Autier ou Hautier de Villemontée, en Bretagne et en Auvergne. (Porte un lion dans ses armes.)

NECESSARIO FIDUS. (*Bras armé tenant une épée nue.*) — Jean Godet, sieur de Renneville, en Champagne.

Jeton du XVIe siècle.

NEC FALLERE NEC FALLI. — Lantin.

NEC FRUSTRA CURRET. — De Gassion, en

Béarn et Bretagne. (Porte un lévrier dans l'un des quartiers de son blason.)

NE CHA NE LA. — Frédéric Perrenot, seigneur de Champagney, en Franche-Comté.

Jeton du XVIe siècle.

NEC INTERIT UNQUAM. — Belli.

NEC LEPOREM FEROCES PROCREANT IMBELLEM LEONES. — Le Hardy.

NEC ME FULGURA. — Vintimille.

NEC ME LABOR ISTE GRAVABIT. (*Deux clefs liées et passées en sautoir.*) — Une des devises de Georges d'Amboise. « Ce cardinal avait aspiré à la papauté, mais il fut trompé par le cardinal Julien de la Rovère, dit Jules II. » (*Le P. Anselme.*)

NEC MOMENTUM SINE LINEA. (*Un cadran exposé au soleil.*) — Une des devises du cardinal de Richelieu. — « Voulant marquer qu'il travaillait incessamment pour le service de son maître. » (*Le P. Anselme.*)

NEC MONSTRA MORANTUR. (*Le soleil entre le scorpion et le lion.*) — « Devise donnée autrefois à Louis XIII faisant la guerre aux hérétiques et aux rebelles. » (*Le P. Bouhours.*)

Nec mors, nec tempora solvent. (*Vigne s'enlaçant autour d'un tronc d'arbre.*)— Françoise d'Orléans, princesse de Condé.

Jeton du XVIe siècle.

Nec movet nec movetur. (*Le château de Rochechouart, situé sur un rocher.*) —Louis de Rochechouart, comte de Maure, grand sénéchal de Guyenne, mort en 1669.

Jetons de 1656 et 1667.

Nec obscura, nec ima. — Le marquis Law de Lauriston, pair de France. (Porte des coqs.)

Médaille de 1822.

Nec officit, nec deficit. (*Une éclipse.*) — Gaston, duc d'Anjou, puis d'Orléans.

Jeton de 1621.

Nec pavent, nec recurrunt. — Pioger, en Bretagne. (Porte des écrevisses.)

Nec pertimescit hiemem. — De la Bouëxière, en Bretagne. (Porte un buis.)

Nec pluribus impar. (*Un soleil dardant ses rayons sur un globe.*) — Louis XIV. « Un antiquaire, nommé d'Ouvrier, est l'auteur de cette devise espagnole faite pour Philippe II. Cette devise eut un succès prodigieux. Les armoiries du roi, les meubles de la couronne, les tapisseries, les sculptures en furent ornés. Le roi ne la porta jamais dans les carrousels. » (Voltaire, *Siècle de Louis XIV*.)

« Peu de temps après que le roi eut pris cette devise, un chanoine de Liége fit réimprimer à ses frais le traité de Scipione Ammirato *delle imprese*, où il fit insérer cette devise, comme faite pour Philippe II, afin qu'il ne fût pas dit que c'était Louis XIV qui l'avait portée le premier. » (*Menagiana.*)

Nec pluribus impar. (*Un soleil éclairant le monde.*) — Devise de l'étendard des gendarmes de Flandres, créés en 1673, sous Louis XIV.

Nec pœna nec metu. — Letonnelier de Breteuil.

Nec prece, nec pretio. — Batemin.

Ne crains point, petit troupeau. (*Un berger sonnant de la trompe.*) — (*Saint-Luc*, chapitre XII, verset 8.)

Méreau pour la cène des protestants.

Ne crains rien. — Cardon d'Anglure.

Nec retrogradior nec devio. (*Soleil et globe.*) — Devise sur un jeton de cuivre au nom et aux armes de Charles Gonzagues, duc de Nevers et de Rethel, 1610.

NEC ROGATA NEC EMPTA POTESTAS. — J. de Frasans, maire de Dijon.

Jeton de 1605.

NEC SI CŒLUM RUAT. — Rivoire.

NEC SINE GLORIA CADET. — Le marquis de Villeroy.

NEC SINE SANGUINE FUSO. — Derrien, en Bretagne. (Porte deux lions affrontés.)

NEC SOL, NEC FRIGORA MUTANT. — Comte Ostermann.

NEC SPE, NEC METU. — Letonnelier de Breteuil, en Picardie et Bretagne. (*Porte un épervier.*) (Voir au mot *Nec pœna* ci-dessus).

NEC SPES ME MEA FEFELLIT. — Jégou, en Bretagne.

NEC TACTUS ABIBIS. — Fournier, en Bretagne. (Porte un lion, etc.)

NEC TEMERÈ, NEC TIMIDÈ. — La Poyppe.

NEC TENUI FILO EXTRICATUR. (*Thésée sortant du Labyrinthe.*) — Francs-fiefs de Bourgogne.

Jeton de 1678.

NEC TIMEAS, NEC OPTES. — Cadenet.

NEC TIMEO, NEC SPERNO. — Hamilton (vicomte Boyne).

NEC VOTA FEFELLIT. (*Un oranger qu'un Amour arrose au pied.*)—La Dauphine, Marie-Josèphe de Saxe.

Jeton de 1752.

NE EXTRA OLEAS. (*Minerve et un olivier.*) — Daniel Elsevier, imprimeur, mort en 1680.

NEGAT INVIDA SOLEM. (*Astre.*) — Devise au nom et aux armes de A. de Montafle, comtesse de Soissons.

Jeton de cuivre.

NE IMPLEAT ORBEM. (*Une colonne au-dessous d'un croissant.*) — Devise de Marc-Antoine Colonne, après la bataille de Lépante.

NEMO AD IMPOSSIBILE TENETUR. — Jean de Luxembourg, sire de Beauvoir.

NEMO IMPUNÈ LACESSET INERMEM. — Les de Beauharnais, en Orléanais. (Portent des merlettes dans leurs armes.)

NEMO ME IMPUNE LACESSET. — Devise de l'ordre de Saint-André ou du Chardon, créé par Jacques V, roi d'Écosse en 1534.

NE M'OUBLIEZ. — Jean de la Trémouille.

NE NOCEANT. — Marini.

N'EN PARLEZ JA. — Guéhéneuc, en Bretagne.

NE OUBLIEZ. — Graham (duc, marquis, comte de Montrose), en Angleterre.

NEQUE CARIBS, NEQUE SCYLLA. — Héral.

NEQUE DEMISSUS, NEQUE ELATUS. — J. Le Marlet, maire de Dijon.

Jeton de 1678.

NEQUE DESERIT USQUAM. (*Une étoile et le soleil couchant.*) — Gaston, duc d'Anjou, puis d'Orléans.

Jeton de 1617.

NEQUE TE MUNERA, NEC PRECES. — Bucher.

NEQUE TERRENT MONSTRA. — D'Acigné, en Bretagne.

NE QUID NIMIS. — Bretagne.

NERVUS PACIS BELLIQUE. (*Or semé par une main sur un trophée et un laurier.*)

Jeton de Louis XIV, comte d'Artois, de l'année 1655.

NESCIT LABI VIRTUS. — Le vicomte de Morel-Vindé, pair de France. — D'Ainval, en Vimeu. — Bachet. — Imbert de la Platière.

Nescit vis ista teneri. (*Un feu qui sort d'une tour et la fait crever.*) — Le connétable Olivier de Clisson; « étant dans les prisons du duc de Bretagne, il lui tailla de la besogne. » (*Le P. Anselme.*)

N'espoir, ne peur. (*Une épée flamboyante tenue par une main.*) — Devise de Charles cardinal de Bourbon Ier. « Cette épée signifiant le zèle des prélats dans l'Eglise. » (*Le P. Anselme.*) — Il y a une autre devise qu'on lui donne. (Voir *Auctor*, etc.)

Neufville, neufville ! (*Cri.*)—Marquis de Bacquehem.

Ne vois qu'honneur. — Baron de Maucler.

Né zeuz pesq heb hé zréan. (*Il n'est poisson sans arête.*) — Du Drénec, en Bretagne. (Porte un barbeau.)

Ni ça ni la. — Frédéric Perrenot, frère du cardinal de Granvelle. (Voir *Ne cha*, etc.)

Médaille de 1574.

Ni crainte ni envie. — La Rochelambert.

Ni deuil ni joie ou ne deuil ne joie. — Menon.

Nihil agere pœnitendum. — Henin de Cuvilers.

NIHIL ALTIUS AMBIT. (*Écureuil.*) — Devise aux armes et au nom de Mre Louis Foucquet, conseiller du roi en sa cour du parlement.

Jeton de cuivre.

NIHIL CONSCIRE SIBI. — Garinet, à Besançon.

Jetons de 1648 et 1665.

NIHIL HOC TRISTE RECEPTO. (*Deux anges à genoux, tenant un ciboire ou calice couronné, avec trois gouttes de sang.*) — Devise inscrite autour du médaillon pendant au collier de l'ordre militaire du Sang de Jésus-Christ institué en 1608, par Vincent de Gonzague, duc de Mantoue.

NIHIL IN ME NISI LABOR. — Albignac.

NIHIL LILIA SINE CRUCE. — Lefebvre-Graintheville.

NIHIL MAGNUM INCONSULTO. — Henri, duc d'Anjou.

Jeton de 1569 à 1573.

NIHIL, NISI DIVINUM TIMERE. — Du Vivier de Fay-Solignac.

NIHIL OBSTAT. — Le marquis d'Osmond, pair de France, en Normandie et Bretagne. (Porte un vol.)

Nihil virtute pulchrius. — Carion, en Bretagne.

Nil agere pœnitendum, pudendum imo reparandum. — Rolin, chancelier de Bourgogne.

Nil conscire sibi. — Le Frotter, en Bretagne.

Nil deest timentibus deum. — Mathan.

Nil desperandum, auspice deo. — Comte de Sack.

Nil labor, ubi gloria. (*Hercule.*) — Philippe V, roi d'Espagne.

Jeton de 1702.

Nil me durius. (*Un diamant.*) — Jérôme Drouard, imprimeur, mort en 1636.

Nil mihi cum bello, pacem postesque tuebor. — Devise de la ville d'Angers, au revers du jeton de P. de Clermont, receveur de la ville en 1581.

Nil mihi tollit hiems. (*Un oranger chargé de feuilles et de fruits.*) — Une des devises du connétable Anne de Montmorency « qui, nonobstant son grand âge, s'est montré toujours vigoureux. » (*Le P. Anselme.*)

NIL NISI VINCIT AMOR. — Saint-Chamans.

NIL PARUM, NIL NIMIS. — Du Tillet, en Angoumois, Bretagne, Ile de France.

NIL TEMERE AUT TIMIDE. — Giraud de la Bigeotière, en Bretagne.

NIL TIMET. — Tauriac.

NIL ULTRA. — Le marquis de Mun, pair de France. (Porte un globe.)

NIL ULTRA DEAM LACESSO. (*La Fortune, assise sur sa roue, arrêtée par un dauphin, tient un jeune enfant dans ses bras.*) — Naissance du duc de Bourgogne, en 1682.

Jetons.

NIL VIRTUS GENEROSA TIMET. (*Un faucon qui fond sur un héron.*) — « Une des devises données à Bertrand Duguesclin. » (*Le P. Anselme.*)

NI PLUS NI MOINS. — De Sales.

NI REGRET DU PASSÉ, NI PEUR DE L'AVENIR. — Boissat.

NISI DOMINUS CUSTODIERIT. — La ville d'Agen.

NISI DOMINUS CUSTODIERIT CIVITATEM, FRUS-

TRA VIGILAT QUI CUSTODIT EAM. — Bannière de la ville d'Agen. (*Psalm.* CXXVI.)

NITITUR IN VETITUM. — Grille.

NITITUR PER ARDUA VIRTUS. — Le marquis de Saint-Georges de Vérac, pair de France.

NI TÔT, NI TARD. — Chiel.

NI TROP, NI TROP PEÚ. — Olivier, en Bretagne.

NI VANITÉ, NI FAIBLESSE. — De Perrier, en Bretagne.

NOBILI PACE VICTOR. — L'Olivier, en Bretagne.

NOBILIS MILES, POTENS. — Arloz.

NOBILITAS UNICA VIRTUS. — Charles Le Conte, conseiller du roi, maître ordinaire des comptes.

Sur un jeton de cuivre.

NOBILITAT VIRTUS. — Noblet, en Bretagne.

NOBIS DUX IDEM SOLIQUE. (*Oiseaux volant vers le soleil levant.*) — États de Bourgogne.

Jeton de 1722.

NOBLE SANG, NOBLE CŒUR. — Gantès d'Ablainsevelle.

Noblesse d'Estavayé. — Estavayé.

No buelvo sin vincer. (*Un rhinocéros.*) — Devise d'Alexandre de Médicis.

Nocte dieque vigil. — Boucherat.

Nocte vigilat. — Le Corre, en Bretagne. (Porte une chauve-souris.)

Nocuit differre paratis. — Lameth.

Nodo firmo. — Harrington, en Angleterre et Bretagne.

Nodos virtute resolvo. (*Bras armé d'une épée et tranchant le nœud gordien.*) — Le maréchal de Saint-André. — Vassy. — La Rivière.

Noli ire, fac venire. — Devise attribuée à Rabelais.

Noli irritare leonem. — Le comte de Sabran, pair de France. (Porte un lion.)

Jeton de 1742.

Nollem cessisse minore. — Lillebonne.

Nomen in cruce, salus in fide. — Croisy de Montalent.

Nomine l'Ange et omine. — Devise de la maison L'Ange, du Nivernais, et avec cette inscription : « *Hac, ad illam.* »

NOMINE MAGNUS, VIRTUTE MAJOR. — Rolland.

NOMINI TUO DA GLORIAM. — La ville de Dijon.

Jeton de 1561.

NON ÆS SED FIDES. — De la Valette. — Parisot, en Languedoc.

NON ALIO PEGASO. (*L'aigle des armes de la maison d'Este.*) « Devise que le Gratiani a mise en tête de son poëme de *la Conquête de Grenade*, dédiée au duc de Modène. » (*Le P. Bouhours.*)

NON AURO SED VIRTUTE. — SALIS.

NON CEDIMUS MALIS. (*Guerrier combattant contre un lion.*)

Jetons de Charles IX.

NON COMMOVEBITUR. (*Une roue, à six raies, chargée de trois fleurs de lis, poussée par le pied de la Fortune et appuyée sur trois* Λ.) — Autre devise du cardinal de Richelieu, dont la fortune se trouvait fixée par Louis XIII qui en avait fait son premier ministre.

NON CRAS QUOD HODIÈ. — Louis de Rye, évêque de Genève (1544-1550).

Jeton.

NON CREDO TEMPORI. — Devise des chevaliers de l'ordre militaire de la Nef, appelés aussi les Argonautes de Saint-Nicolas, établi en 1380 dans le royaume de Naples.

NON DEERUNT. (*Plusieurs fleurs de lis.*) — Marie-Adélaïde, duchesse de Bretagne.

Jeton de 1709.

NON DEFICIENT. — Soastres.

NON DEFICIT ALTER. (*Arbre n'ayant que deux branches, dont l'une est brisée.*) — États de Bourgogne.

Jeton de 1712.

NON DEGENER ORTU. (*Un aigle regardant le soleil fixement.*) — « Devise de Jean, comte Dunois, qui montra par son courage qu'il était digne de ses ancêtres. » (*Le P. Anselme.*) — De Prye ou Prie.

NON DESERIT ALTA. (*Aigle planant dans l'air, et, au-dessous, des serpents qui se dressent contre elle.*) — Devise faite pour le cardinal de Richelieu. — Vignerot (du Plessis de Richelieu).

NON DEVIUS UNQUAM. (*Le soleil au milieu de la bande zodiacale.*) — Gaston, duc d'Anjou, puis d'Orléans.

Jeton de 1620.

NON DIFFERT BELLA TIMENDO. (*Un taureau assis.*) — « Une des devises du maréchal Armand de Biron, qui ne fut pas moins estimé avoir de courage, quoiqu'il se gardât de rien hasarder. » (*Le P. Anselme.*)

NON DORMIT QUI CUSTODIT. (*Une grue qui dort tenant une pierre en l'air avec le pied.*) — « Une des devises de Georges d'Amboise. Ce cardinal ne prenait aucun repos qu'en méditant quelque dessein pour l'honneur de son maître. » (*Le P. Anselme.*)

NON EGO PERFIDUM DIXI SACRAMENTUM. — Millotet, maire de Dijon.

Jeton de 1653.

NON EMIT, NON VENDIDIT. — Etienne Arviset, maire de Dijon.

Jeton de 1617.

NON ENIM SINE CAUSA GLADIUM PORTANT. — De Narbonne-Pelet.

NON EST MORTALE QUOD OPTO. — Le président Gilles le Maistre. — Thomas. — Le père Pétau. — Le Plastre. — de Varennes, en Auvergne et en Bretagne. (Porte des chardons.) — Louis de Bourbon, prince de Condé.

Jeton du XVIe siècle.

NON EST QUO NOCEAT. — François Milon, maire de Tours en 1644.

NON EST SINE LUMINE ROBUR. — N. Labotte, maire de Dijon.

Jeton de 1713.

NON FERIENT, SED TUENTUR. — Ferrand, en Poitou et Bretagne. (Porte des épées.)

NON FERIT NISI LÆSUS. (*Un sanglier.*) — P. de Rozevignan, marquis de Chamboy, gouverneur de Caen.

Jeton de 1656.

NON FERIT NISI LÆSUS. — De Rosnyvinen de Piré, en Bretagne. (Porte une hure de sanglier.)

NON FLORE, SED FRUCTU. — Jules Clopin, maire de Dijon. (Porte un arbre.)

Jeton de 1705.

NON FUMUM EX FULGORE, SED EX FUMO DARE LUCEM. — Le vicomte Héricart de Thury, membre de l'Académie des sciences, etc. (Porte dans ses armes des montagnes enflammées.)

NON IBI SED UBIQUE. — Fayolle.

NON ILLIS ET SANGUINE PARCUS. — D'Erm ou d'Ermo, en Bretagne. (Porte un pélican, etc.)

NON IMPAR VIRTUTI FIDES. — De Nompère de Champagny de Cadore, en Bretagne, etc.

NON INFERIORA SECUTUS. (*Un tournesol.*) — « Devise de Marguerite de Valois, reine de France. » (*Le P. Bouhours.*)

NON INFERIORA SECUTUS. — « Devise de Lancelot de la Taille, fils de Jean de la Taille, auteur dramatique, dont nous avons rapporté aussi la devise : *In utrumque paratus.* Lancelot, de même que son père, suivit le parti des armes et aima les lettres. Il a laissé plusieurs pièces de vers français et latins. Il portait pour corps de sa devise *un homme foulant un monde aux pieds, tenant d'une main une palme, de l'autre une épée nue, entourée d'un rouleau de papier, avec les mots ci-dessus.* » (*De Saint-Allais*). — Le comte de Sainte-Aldegonde, pair de France. — Du Chastelier, en Bretagne. — Orchamps, à Besançon.

Jeton de 1648.

NON INULTUS PREMOR. — La ville de Nancy. (Porte un chardon dans ses armes.)

Sur les vraies armoiries de la ville de Nancy et nombreux jetons.

NON JUVAT EX FACILI. — Charmasel.

NON LENTUS IN ARMIS. — Lentilhac.

NON MIHI SED DEO.—Villerase de Castelnau.

NON MORIETUR INULTUS. (*Un lion qui brise avec ses dents une flèche dont il est blessé.*) — « Devise du chevalier Bayard ; il mourut en reprochant au connétable Charles de Bourbon d'avoir quitté le parti de son prince. » (*Le P. Anselme.*)

NON MORITURA. (*Une amarante, que les herboristes appellent* fleur d'amour.) — Julie de Gonzague, duchesse de Trayette et comtesse de Fondi. « Elle prit cette devise après la mort de Vespasien Colonne, son mari, comme une marque publique que sa première amour serait immortelle. » (*Le P. Bouhours.*)

NON MOVEBOR AMPLIUS. — Gabriel Le Veneur, évêque d'Évreux.

Jeton du XVIe *siècle.*

NON NOBIS, DOMINE, NON NOBIS. — Prince de Lichnowski, comte de Werdenberg.

NON NOBIS, DOMINE, NON NOBIS, SED NOMINI TUO DA GLORIAM. — « Paroles qui se lisaient sur la bannière, partie blanc et noir, de l'ordre des chevaliers du Temple ». (*De Laigue.*) — Jésuites. — Devise accompagnée quelquefois des insignes de cette compagnie.

NON NOVIT SENECTUTEM. (*Une aigle.*) — Fleurant d'Argouges, intendant de Bourgogne. — J. Joly, maire de Dijon.

Jeton de 1689.

NON OFFENDO, SED DEFENDO. — La ville de Saint-Pol-de-Léon, en Bretagne. (Porte un sanglier.)

NON OMNIBUS IDEM. — Baillet.

NON OMNIS DEXTERA SOLVAT. (*Un trophée entre deux palmiers.*) — Louis de Bourbon, prince de Condé.

Jetons.

NON QUÆ SUPER TERRAM. (*La manne tombant des cieux aux Israélites, désignés par deux mains tendues et ouvertes.*) — Devise du cardinal de Tournon.

NON QUOT, SED UBI. — De Taillefer, en Périgord.

NON RENUENTIBUS ASTRIS. — Maréchal d'Audeux, à Besançon.

Jetons de 1624, 1626.

NON ROSTRO, NON UNGUE, SED ALIS ITUR AD ASTRA. — Ganay.

NON SANGUINE PARCUS. — D'Erm.

NON SANS CAUSE. — Geer. (Pays-Bas.)

NON SIBI, SED IMPERIO.—Prince de Zubow.

NON SIBI, SED PATRIÆ. — Posanges.

NON SIBI, SED POPULO. (*Ruche et abeilles.*) — Michel Falloux du Lis, maire d'Angers en 1712.

Jeton.

NON SINE LABORE. — Gondy (Jean-François-Paul de), cardinal de Retz, archevêque de Paris.

NON SOLUM ARMIS. — Comte de Romanzoff, en Russie.

NON SOLUM TOGA. — Le comte de Peyronnet, ministre en 1830.

Cachet de lettres.

NON SUFFICIT ORBIS. (*Un cheval fougueux dans une enceinte fermée, sautant par-dessus.*) — Devise de Philippe II, roi d'Espagne. « Ce qui veut dire : à l'égard du cheval, que l'enceinte est trop étroite, et, à l'égard de Philippe, que le monde est trop petit ». (*Le P. Bouhours.*)

NON SUM TIMENDUS. — Craon.

NON TIMEBIT DOMUI SUÆ A FRIGORIBUS NIVIS. —Devise des RR. PP. Trappistes, du monastère de Notre-Dame-des-Neiges (Ardèche).

Sur le sceau de cette communauté.

NON ULTRA METAS. (*Un aigle attaché sur les colonnes d'Hercule.*) —Devise du duc de Guise (François). — « L'empereur Charles V avait pour devise les deux colonnes d'Hercule, *plus ultrà;* mais le duc le contraignit de se retirer de devant Metz et attacha l'aigle sur les deux colonnes, avec les mots ci-dessus ». (*Le P. Anselme.*)

NON VI, SED INGENIO. (*Alexandre domptant Bucéphale.*)—Denis Duval, imprimeur, mort en 1619.

NOS DESCENDONOS DE REYES, SI NO LOS REYES DE NOS. — Narbonne-Lara.

NOS MURS, NOS LOIS. — Marion, maréchal de camp, créé baron en 1820.

NOSTRE DAME DE BOURGOIGNE! (*Cri.*) — Les ducs de Bourgogne, *d'après un manuscrit du XVI*[e] *siècle.*

NOSTRI SERVABIT ODOREM. — Le Marchant de Caligny.

NOSTRO SANGUINE TINCTUM. — Tilly.

NOSTRUM UNI EX SUPERIS NOMEN. (*La constellation du Bélier.*) — Etats de Bourgogne.

Jeton de 1682.

NOTRE DAME, AU SEIGNEUR DE COUCY ! (*Cri.*) — Coucy-Châteauvieux.

NOTRE-DAME BIERNE OU BEARN ! (*Cri.*) — Comtes de Foix.

NOTRISCO ALHUONO STINGO EBREO. (*Salamandre dans les flammes.*) — François Ier, alors duc de Valois et comte d'Angoulême, n'ayant encore que dix ans.

Médaille de 1504.

NOTUM PROBAT INSITA VIRTUS. (*Une ente chargée de beaux fruits.*) — « Une des devises de Jean, comte de Dunois. — Le comte était bâtard, mais sa vertu le rendit légitime. » (*Le P. Anselme.*)

NOURRISSEZ BIEN. — De Lescoat ou Lescouët, en Bretagne.

NOUS MAINTIENDRONS. — Howard (comte de Suffolk et de Berkshire), en Angleterre.

NOUS TRAVAILLERONS EN L'ESPÉRANCE. — Baronnets Blachett, en Angleterre.

NOVAM LUCEM EXTULIT ORBI. (*Le soleil levant*

et l'étoile du matin.) — La Grande-Dauphine, Anne-Marie-Christine.

Jeton de 1687.

NOVUM DECUS, ADDITA CŒLO. (*Au milieu des étoiles, une couronne radiée, semée d'étoiles, semblant former une nouvelle constellation.*) — La Grande Dauphine, Anne-Marie-Christine.

Jeton de 1681.

NOVUM DOMUS AUGUSTÆ VINCULUM. (*L'hymen pose une couronne sur deux écussons armoriés que tiennent et réunissent la France et l'Espagne.*) — Mariage du Dauphin, fils de Louis XV et de Marie-Thérèse d'Espagne.

Jeton de 1745.

NOVUM EX PROLE DECUS. (*Un laurier et ses rejetons qui croissent autour de lui.*) — La Dauphine, Marie-Josèphe de Saxe.

Jeton de 1757.

NOVUS EX NEXU DECOR. (*Roses et lis remis en bouquet.*) — Marie-Adélaïde, duchesse de Bourgogne.

Jeton de 1711.

NUBE ALTIUS. — Atvillars ou Arvillars.

NUL BIEN SANS PEINE. — De La Roue-Harenc. — Harenc de la Condamine. (Auvergne et Forez.)

NULLA PERIT VITÆ PARS. — C.-E. de Mongey, maire de Dijon.

Jeton de 1649.

NULLA RECORDANTI LUX EST INGRATA. — Clerc, à Besançon.

Jetons de 1624 à 1627.

NULLIBI NON VICTOR ET OVANS. — Estriché-Baracé.

NULLI NOCIUS. — Sermange, à Besançon. (Porte un cerf.)

Jeton de 1667.

NULLI PRODESSE RECUSAT. — J. Poirot, maire de Dijon.

Jetons de 1645.

NULLIS PERTERRITA MONSTRIS. — Madec, en Bretagne. (Porte une épée flamboyante.)

NULLO QUATITUR IMPETU. — Delpont-Saint-Sylvestre.

NULLUS EXTINGUIT. — Le marquis Picot de Dampierre, pair de France. (Porte des fallots allumés.) En Bretagne et Champagne.

NUL NE S'Y FROTTE. — Devise des Gamaches changée ensuite par celle-ci : « *Que nul ne m'attaque* » ; sans doute pour se distinguer de la maison de Créqui qui avait la première devise. Le cri de guerre de cette maison a été toujours : « Gamaches-Saint-Valery ! » — De Créqui, en Artois et Bretagne. (Porte un créquier.) — Le Jeune de la Furjonnière. — Bonne de Lesdiguières. — Mesnard, en Poitou et Bretagne. (Porte trois porcs-épics.) — La ville de Nancy. (Porte un charbon dans ses armes.)

Jeton.

NUMERUS EST DISTRIBUTIO RERUM OMNIUM. — Marie de Bourgogne, fille de Charles le Téméraire.

Jeton du XVe *siècle.*

NUNC ET OLIM. — Devise accordée en 1734, par Stanislas Leczinsky, roi de Pologne, duc de Lorraine, à Jacques Geoffroy, deuxième du nom, en Lorraine, d'une famille originaire de Provence.

NUNC ET SEMPER. — Joachim de la Baume, comte de Chateauvillain, gouverneur de Bourgogne.

Jeton vers 1550.

NUNC HÆC TRIA MANENT. — De Gelieu.

NUNQUAM ARMIS NEC ELOQUENTIA VICTI. — J. L. Abot du Bouchet, chevalier de Saint-

Michel, grand bailli et chef de la noblesse du Perche. (Porte des branches de houx.)

Jeton de 1692.

NUNQUAM DEFLECTO. (*Une balance.*) — F. Boucault, maire d'Angers.

Jeton de 1733.

NUNQUAM DEGENERES. — Cabet, à Besançon.

Jetons de 1665 à 1669.

NUNQUAM IMPUNÈ.—De Montboissier-Canillac, en Auvergne.

NUNQUAM JUGATUS. — Guillaumanches de Boscage.

NUNQUAM MARCESSINT. — Marcillac.

NUNQUAM POLLUTA. — La ville de Bayonne.

Jetons de 1738.

NUNQUAM PROPIUS ERUNT. (*Lettres entrelacées, C. R. M.*) — Claude de Roquefeuil, seigneur de Miraumont.

Jeton de 1657.

NUNQUAM RETRORSUM. — Castel-Cicala.

NUNQUAM SUB MOLE FATISCIT. (*Un palmier.*) — Baudinet, maire de Dijon.

Jeton de 1725.

Nunquam visus impunè. (*Une comète.*) — Une des devises de Jean, comte de Dunois. « Les Anglais lorsqu'ils le voyaient dans un combat, désespéraient de la victoire. » (*Le P. Anselme.*)

Nusquam devius. — Carre de Luzancy, en Bretagne.

Nusquam marcessit virtus. — Paroles autour de la devise des trois V verts de Sully, surmontés de la couronne d'amarante.

Nutrisco et extinguo. — (*Une salamandre couchée sur des flammes, ayant la tête couronnée et tournée vers le ciel.*) — Devise de François Ier, roi de France, « pour faire allusion à son courage à supporter la bonne et mauvaise fortune. » (*Le P. Anselme*). — « Ce prince qui n'avoit pas moins d'esprit que de cœur, fit luy-mesme sa devise : et voulut marquer par là son courage, ou plutôt son amour. *Nutrisco* montre qu'il se faisoit un plaisir de sa passion ; mais *extinguo* peut signifier qu'il en estoit le maistre, et qu'il pouvoit l'éteindre quand il vouloit : le propre de la salamandre estant non-seulement de vivre dans le feu et de s'en nourrir ; mais encore de l'éteindre. » (*Le P. Bouhours.*)

NY TOST NY TARD. — Chiel.

O

OBER HA TÈVEL. (*Faire et taire.*) — Du Méné, en Bretagne.

OBESSE NULLI, PRODESSE MULTIS.—De Balay, en Franche-Comté.

OBRUIMUR NUMERO. (*Un grand nombre de flèches, lancées dans la même direction.*) — États de Bourgogne.

Jeton de 1654.

OBSTANTIA NUBILA SOLVET. — Louis de Luxembourg.

OCCIDENT HOC ORIENTE MALA. (*La constellation du Dauphin.*) — Naissance de Louis XIV. — États de Bourgogne.

Jeton de 1639.

OCULI MEI SEMPER AD DOMINUM. — Brueys de Souvinargues.

O DIEU, TU NOUS VOIS GRENUS.—De Grenus, en Suisse et en Allemagne. — Lettres de noblesse de Charles-Quint, en 1555 ; de Louis XIV, en 1712. (Porte des épis.)

ODI PROCELLAS, ET PROCUL ARCEO. (*Alcyon volant au-dessus d'un navire.*) — J.-B. Massillon, évêque de Clermont.

Jeton de 1719.

O KELLIE ABOU ! (*Cri.*)—O'Kelly, en France et en Irlande.

OLLI CŒLESTIS ORIGO. (*Un aiglon volant dans les nuages.*) — Henri de Lorraine, duc de Guise. (Allusion aux alérions de ses armes.)

Jeton du XVIe siècle.

OMNE GENEROSUM SPINOSUM. — Baron Schmidt de Hasl et Pürnbach.

OMNE SOLUM FORTI PATRIA. — Baronnet d'Oyley, en Angleterre.

OMNE SOLUM FORTI PATRIA EST. – Baglion.

OMNIA FACIT IPSE SERENA. (*Le soleil levant.*) — Jacques, prince de Galles, à Saint-Germain.

Jeton de 1697.

OMNIA LÆTA VICTORIBUS. — Henri, duc d'Anjou.

Jeton de 1569.

OMNIA NOBIS PROSPERA. — Clarke, dont le duc de Feltre, en Irlande et en Bretagne. — Karuel.

OMNIA SUBJECISTI EI. — François de Foix, évêque d'Aire.

Jeton de 1555.

OMNIA VIRTUTI CEDUNT. — Vincent, en Dauphiné.

OMNIA VIRTUTI PARENT. — Catinat.

OMNIBUS CARUS. — Le Vayer. — Le Vayer de Vanteville.

OMNIBUS IDEM. — Rousselot, maire de Dijon.

Jetons de 1763, 66, 69.

OMNIBUS UNUM. (*Le soleil.*) — Devise de Louis XIV; dans sa stalle, au couvent des Grands Augustins.

OMNIBUS VISCERA PANDO. (*Une grenade ouverte.*) — Devise du cardinal du Perron.

Sur son portrait ovale, gravé par Hattewyn, in-8°.

OMNIUM E ALIS HÆRENS. — Devise anagramme du nom de *Johannes Hemelarius*, Jean Hamelaers, célèbre numismatiste hollandais.

Sur l'étiquette de ses livres.

ONCQUES NE DÉVIE. — De Bonnay, en Nivernais.

ONCQUES NE FAILLIT. — Cornot de Cussy, en Franche-Comté. — Chamborant.

ONCQUES NE FAULDRAY. — Poirrier, en Normandie et Bretagne.

ONCQUES, NI JAMAIS. — Salm.

ONERI IMPAR INIQUO. (*Un dromadaire.*) — États de Bourgogne.

Jeton de 1627.

ONWRIKBAAR! — Cohen.

OPIBUSQUE JUVABO. (*Un olivier.*) — États de Bourgogne.

Jeton de 1680.

OPTATÆ SPES UNA QUIETIS. (*Un dauphin se présentant devant un navire dont les mâts ont été brisés par la tempête.*) — Henri IV, roi de France, seigneur du Dauphiné.

Jeton de 1610.

OPTIMA FATA DANT ANIMUM. — Torchefelon.

OPUS QUALE SIT, IGNIS PROBABIT. (*Ciboire d'or, au champ de gueules, au chef d'azur chargé du mouton d'argent, qui est de Rouen, accosté de deux fleurs de lis d'or; deux griffons ailés pour supports; l'écusson est surmonté d'un creuset d'où s'échappe une épaisse fumée.*) — Devise accompagnant les armoiries de la corporation des orfévres de Rouen.

O QUEL REGRET MON CŒUR Y A! — Devise particulière d'un seigneur de Miribel, en Dauphiné, de la maison de Robe.

ORBI LUX ALTERA. (*La lune.*) — États de Bourgogne.

Jeton de 1715.

ORBI PRÆPONDERAT. (*La justice assise pèse dans sa balance un sceptre et un globe.*) — Le parlement de Dijon.

Jeton de 1673.

ORDO INTER LILIA TUTUS.—Les Trinitaires.

Sur la bannière de cet ordre.

ORES A EUX! (*Cri.*)—De Foucault, en Lorraine, Valois, Gâtinais.

ORI MODERERIS ET IRÆ. — Belin, à Besançon.

Jeton de 1627.

ORSINE LE TEMPS VENRA. (*La figure d'un ours et celle d'un singe.*) — « Devise de Jean, duc de Berri, frère du roi Charles V, faisant allusion à une dame qu'il aimait, nommée Oursine. » (*Le P. Anselme.*)

Or sus fiert! (*Cri.*) — De Merle de la Gorce, en Languedoc.

Ortus solis gallici. (*Le char du soleil, conduit par un jeune enfant.*) — Naissance de Louis XIV, en 1638.

Jeton de Louis XIII.

Os et ungues sanguine madent. — De la Fruglaye, en Bretagne. (Porte un lion armé et lampassé de gueules.)

Oublier ne puis. — Le baron Colvill, en Écosse.

Ou la guerre, ou l'amour. — Le Roux, en Bretagne.

Oultre. — De Rostrenen, en Bretagne.

Ou que je sois. — Devise de Guillaume de Croy, mort en Allemagne, en 1521.

Ou que soit, penser y fault. — Philippe de Croy, marquis de Chimay.

Jeton de 1527.

Ou que tu soies, suivrai toy. — Paige de Bar.

Ou tout te heurte, tout t'appuie. —

Postel. Cette devise diffère de celle que nous avons vue sculptée sur une pierre tombale d'un des membres de la famille Postel, et qui est ainsi : A TOVTES HEVRTES, avec la date de 1519. (Porte deux poteaux.)

P

PA ELLI. (*Quand tu pourras.*)—De Keraëret, en Bretagne.

PA GARO DOUÉ. (*Quand il plaira à Dieu.*) — De Kerriec, en Bretagne. —De Trevon.

PAIX A LAZÉ. — Lazé.

PALAS UT HIC FIXUS, CONSTANS ET FIRMA MANEBO. — Devise de la ville de Beauvais.

PANDUM UTILITATIS ITER. (*Un pont.*) — Pierre Tevenin, receveur de la « comptablie » de Bordeaux.

Jeton de 1625.

PARCERE SUBJECTIS, DEBELLARE SUPERBOS. — Du Breil de Pontbriant, en Bretagne. (Porte un lion.)

PAR GRACE SUIS CE QUE NE PUIS. — Devise de Loys d'Auquoy. (Orléanais.)

Sur un jeton de cuivre, frappé à son nom et à celui de sa femme, Suzanne de Fors.

PAR JUSTE RÈGLE. — Sauget, à Besançon.

Jetons de 1624 à 1626.

PAR LA GRACE DE DIEU JE SUIS CE QUE JE SUIS. (Traduction de ces mots : *Gratia Dei sum id quod sum.*) — Devise de la maison de Drummond de Melfort, d'origine écossaise, dont une branche s'établit dans le bas Languedoc.

PAR LES AÏEUX ET PAR LES ARMES. — De Chasteigner, en Poitou et Bretagne.

PAR MOI SEUL. — Escalin des Aimars.

PAR NON FERET INVITA VIRTUS. (*Une aigle volant en l'air.*) — Devise des chevau-légers de Berry.

PARO, IO CIEGA. (*Gare, je suis aveugle.*) — Garnier.

PARTÆ SUNT MIHI. — Gaudot de Mauroy.

PARTA LABORE QUIES. — Jean Maillard, maire de Dijon.

Jeton de 1560.

PARTA TUERE. — Jacob.

PARTOUT ET TOUJOURS FIDÈLE A DIEU ET AU ROI. — Alexandre d'Hanache.

PARTOUT FIDÈLE. — Devise du chancelier Boucherat. Par allusion au coq de ses armoiries (d'azur au coq d'or).

PARTOUT VIT ANCONE. — Pracontal d'Ancône. — Pratz de Mavillon.

PAS A PAS. — Nollent.

PASCIMUR ILLIBATIS. (*Abeilles posées sur des fleurs de lis héraldiques.*) — Pierre Séguier, chancelier de France.

Jeton de 1641.

PASCITUR UT PASCAT. — G. Bouhier, maire de Dijon. (Porte un bœuf.)

Jeton de 1584.

PASSAVANT LI MEILLOR. — Thibault, comte de Champagne, XIIIe siècle.

Sceaux, etc.

PASSE HARDIMENT. — De Silguy, en Bretagne. (Porte deux lévriers.)

PASSIBUS CITIS SED ÆQUIS. — La Bouchère. (Ile de France.)

PATER MORIENDO PATREM ME GENUIT PATRIÆ. — J.-B. Delamare, maire de Beaune.

Jeton de 1677.

Patet fallatia tandem. (*Archimède pesant une couronne dans un vase d'eau.*) — États de Bourgogne, 1580.—Cour des monnaies, 1580. — Etc.

Jetons.

Patience me fait espérer. — Maire ou Mayer, de Besançon.

Patience passe science. — Boscawen, vicomte de Falmouth, en Angleterre.

Patiendo vinces. — Famille de la Goupplillière de Dollon. (Maine.)

Patientia victrix fortunæ. — Nicolas Bernard, trésorier de France, général des finances à Caen.

Jeton de 1556.

Patria. — De Berneaux.

Patriæ impendere vitam. — Duval d'Esprémesnil. (Normandie.)

Patriæ regique fides. — Le comte de Brigode, pair de France.

Patriæ subsidient astra leonis. — De la Coussaye, en Poitou et Bretagne. (Porte un lion surmonté de trois étoiles.)

Patriæ suisque. — Baron d'Eskeles.

Patriæ totus et ubique. — Le maréchal duc de Raguse (Viesse de Marmont), pair de France.

Patria te quæro relicta. (*Aigle quittant la terre et volant vers le soleil.*) — Hercule de Charnacé, gouverneur de Clermont en Argonne.

Jeton de 1637.

Patrio sub sydere crescunt. (*Deux plantes de lis croissant sous les rayons bienfaisants du soleil.*) — Marie-Thérèse d'Espagne, Dauphine.

Jeton de 1746.

Pauvres de crosey. (*Adage.*) — De Crosey, en Franche-Comté.

Pax. — Devise de la congrégation de Saint-Maur, entourée d'une couronne d'épines, et accompagnée d'une fleur de lis en tête et de trois clous en pointe. — De Forges, en Bretagne. (Porte un Agneau pascal.)

Pax et sanitas. — Millière, maire de Dijon.

Jeton de 1572.

Pax in bello. — Le Bauld de Nans.

Pax in virtute. — Du Vache.

PAX MENTIS, INCENDIUM GLORIÆ. — Le comte de Granard-Forbes.

PAX TIBI, MARCE, EVANGELISTA MEUS. — Légende de l'ordre de Saint-Marc, sur une médaille d'or.

PA ZOUN AR C'HORN, È SAILL AR GAEBON. (*Quand le cor sonne, les lièvres se lèvent.*) — Gaesdon ou Gaëdon, en Bretagne.

PÉ BRÉZEL, PÉ CARANTEZ. (*Ou la guerre ou l'amour.*) — Le Roux, en Bretagne.

PED BEPRET. (*Prie sans cesse.*) — De Guernisac, en Bretagne.

PENES NOS UNDA TAGI. — « Devise-anagramme de Jean d'Espagnet, président au parlement de Bordeaux, et auteur de quelques ouvrages estimés. Devise sous laquelle il dissimulait son nom. » (*Baillet.*) — Il se servait d'une autre devise qu'on trouvera aux mots *Spes mea*, etc.

PENETRABIT. (*Un cerf-volant.*) — Devise de Charles, duc de Bourbon, connétable de France, — « voulant dire qu'il viendrait à bout de ses desseins; mais son espérance fut déçue. » (*Le P. Anselme.*)

PENHOUET. (*Cri.*) — Chef du Bois.

PENNÆ NIDO MAJORES. (*Un aigle qui a les ailes plus étendues que son aire n'est grand.*)— François de Bonnes, connétable de Lesdiguières. « Ce qui signifiait qu'il n'a pu se resserrer dans la fortune de ses ancêtres. » (*Le P. Anselme.*)

PENNAS DEDISTI, VOLABO ET REQUIESCAM. (*La lettre L liée entre 2 ailes.*) — Louise de Savoie, duchesse d'Angoulême, mère de François Ier.

Jeton.

PENSE A TA FIN. — Taffin.

PENSER Y FAUT, CROY. — Croy.

Jeton de 1544.

PENSES A BIEN. — Le vicomte Wentworth, en Angleterre.

PENSEZ FORT. — Baronnet Bromley, en Angleterre.

PENSEZ-Y, BELLES, FIEZ-VOUS-Y.—Lyobard.

PENSEZ-Y CE QUE VOUS VOUDREZ.— De Châteaugiron, en Bretagne.

PÉRAG? OU PER ACH? (*Pourquoi?*) — De Névet, en Bretagne.

PER ANGUSTA AD AUGUSTA. — Baron d'Anacker.

PER ARDUA SURGO. — Les Neufville-Villeroy.

Cheminée du château de Villeroy, au musée du Louvre.

PER ASPERA PURPURESCIT. (*Une plante de safran.*) — Georges d'Amboise, cardinal.

PER CRUCEM AD STELLAS. — Legard.

PEREAT NOMEN CUM PERIBIT HONOR. — Pommereu. (Normandie et Ile de France.)

PEREGRINATIO ET MILITIA. — Bains-Banizy.

PERGE, AGE, VINCE OMNEM, MILES, VIRTUTE LABOREM. — Saint-Germain.

PER HÆC REGNUM ET IMPERIUM. — Le marquis de Villeneuve-Vence, pair de France.

PERITE ET RECTE. — Colbert. — Le marquis de Colbert-Chabannes, pair de France.

PERIT, SED IN ARMIS. (*Une botte de mèches allumées.*) — Armand de Gontaut, baron de Biron, maréchal de France, tué d'un coup de canon au siége d'Epernay, en 1592.

PER MARE, PER TERRAS. — Le baron Macdonald, en Irlande. (Même famille que les Macdonald, ducs de Tarente, en France.)

Per me reges regnant. (*La justice debout.*) —Le parlement de Dijon.

Jeton de 1646.

Per me splendet iber. (*Un soleil qui se plonge dans l'eau.*) — « Devise donnée à Bertrand Duguesclin. » (*Le P. Anselme.*)

Per me stesso son sasso. (*De moi-même je suis Pierre*, ou, par transposition : *moi, je suis Pierre de mesme.*) — « Devise de Pierre de Mesmes, qui vivait sous François Ier et Henri II, et qu'il a mise en italien à la fin de sa grammaire italienne et française. » (*Baillet.*)

Perpetvæ fidelitatis custos.—C. Dvmovlin, esc., s[r] de la Souche, m[er] de Tours.

Jeton de 1624, d'un côté les armes de Tours, et de l'autre un écusson surmonté d'un casque de profil, orné de lambrequins ; l'écu mi-parti à gauche d'un moulin et à droite d'un lion rampant.

Perpetua ex nuptiis imperiorum concordia. (*D'après les ordres de Minerve, l'Hymen attache à un palmier les écussons de la France et de l'Autriche.*) — Mariage du Dauphin et de Marie-Antoinette.

Jeton de 1770.

Perpetua fide. —La Tour-Taxis.

Perseverando ac sperando. — Bougy.

PERSEVERÉ. — Baronnet Congrève, en Angleterre.

PER SIDERA CRESCO. — Ducrest de Villeneuve.

PER TOT DISCRIMINA RERUM. — J. de Frasans, maire de Dijon.

Jeton de 1627.

PER USUM FULGET. — Perusse d'Escars.

PER VARIOS CASUS. — Charles Lallemand, baron de Longepierre et de de Cottebrune, en Franche-Comté.

Jeton du XVIe siècle.

PER VULNERA CRESCIT. (*Une tête de saule.*) — Le connétable Olivier de Clisson. — « L'assassinat commis en sa personne, servit à augmenter sa réputation. » (*Le P. Anselme.*)

PEU ME SUFFIT. — Tudual, en Bretagne.

PEUT-ÊTRE? — De Traonélorn, en Bretagne.

PIAS (*sic*) LOCET MONTES DEUS. — Melun.

PIETAS ET PATIENTIA. (*Un religieux et une religieuse; au-dessus, un ange tenant deux couronnes.*) — J. Sarrasin, abbé de Saint-Vaast, d'Arras.

Jeton de 1589.

Pietas homini tutissima virtus.—Segoing.

Pietate et armis. — Du Fayel.

Pietate et fortitudine. — Duchesne, à Besançon.

Jetons de 1665 à 1667.

Pietate et justicia. (*Deux colonnes, tantôt droites, tantôt torses, tantôt entrelacées, surmontées de la couronne royale.*) — Devise de Charles IX, roi de France. — « Cette devise a été composée par le chancelier l'Hospital. » (*Fontenay.*)

Jetons.

Pietate et justitia. — Devise inscrite sur l'étoile de l'ordre de Dannebroch, créé par Christierne V, roi de Danemarck, en 1672.

Pietate et justitia. (*Bras armé, tenant une épée et une croix, dans un champ semé de couronnes.*) — Philippe IV, roi d'Espagne, pour le parlement de Dôle.

Jeton de 1625.

Piu forte nel'adversita. — Robin-Barbentane. (Provence.)

Pius et fidelis. — Jouenne d'Esgrigny.

Place a la bannière! (*Cri.*) — Coucy-Châteauvieux.

PLACE, PLACE A MADAME ! — La maison des Allemans, en Dauphiné, a un sauvage sur un lion courant, avec ces mots ci-dessus.

PLAID ME DESPLAIT. — Le Splan, en Bretagne.

PLAISANCE. — De Rohan, en Bretagne.

PLAISIR ET LOS. — Bectoz.

PLEBEIUS MORIAR. — Toullier, en Bretagne.

PLEBIS AMOR REGIS CUSTODIA. (*Une ruche.*) — États de Bourgogne, 1584.

Jeton.

PLENO SIDERE PLENÆ.—Les Sabbatiers, à Arles, en Provence. Allusion au *croissant* de leurs armoiries.

PLEUT A DIEU. (*Entre deux colonnes.*) — La ville de Besançon.

Jetons de 1547.

PLURA QUAM OPTO. — De Penfeunteniou (Cheffontaines, en français), en Bretagne.

PLUS DE DEUIL QUE DE JOIE. — De Saint-Mauris-Chatenois, en Franche-Comté. — Beaufremont de Charny.

PLUS DE FERMETÉ QUE D'ÉCLAT. (*Un dia-*

mant.) — Devise de Chrétienne de France, duchesse de Savoie.

Plus d'honneur que d'honneurs. — D'Adhémar, en Provence et Bretagne. — D'Adhémar de Grignan, en Dauphiné et Languedoc. — Comte de Mérode, en Belgique.

Jetons du XVIIIe *siècle.*

Plus est en vous gruthuse. — Gruthuse ou Grunthise, à Bruges.

Plus fidei quam vitæ. — Mercœur.

Plus mellis quam messis. — De Tournemouche, en Bretagne. (Porte une ruche et des abeilles.)

Plus n'est possible. — De Bouvans, en Savoie et Bretagne.

Plus olei quam vini. — Boucquin, à Orléans. (Porte un olivier.)

Plus oultre. (*Les colonnes d'Hercule.*) — Charles-Quint.

Sur les jetons de Besançon.

Plus penser que dire. — « Devise-sentence, gravée sur le cul-de-lampe d'une tourelle, à l'angle de la rue Saint-Clair et de la rue Traversière, à Moulins. (Allier.) — Au-dessous de cette devise on a sculpté un écusson représentant une fleur de pensée. » (*Delaquerrière.*)

PLUS PENSER QUE DIRE. (*Trois pensées.*) — La ville de Bar-sur-Ornain.

Jetons de 1632 à 1700.

PLUS PENSER QUE DIRE. — Devise accompagnant un blason parti et coupé de quatre pièces dont les trois premières portent chacune une tête de nègre, et la quatrième trois tiges de lis. L'écu surmonté d'un casque posé de profil et orné de lambrequins.

Sur un Ex libris *gravé.*

PLUS PENSER QUE DIRE, POUR PARVENIR. — Gribaldi. — Hervé, en Bretagne.

PLUS QUAM VALOR VALETTA VALET. — De la Vallette-Parisot, en Languedoc, etc.

PLUS QUE MOINS. — Gilles Corrozet.

PLUS QUE TOUTES. — Brimeu.

PLUS ULTRA. (*Les deux colonnes d'Hercule, surmontées chacune d'une couronne impériale.*) — L'empereur Charles-Quint « voulant, par cette devise, témoigner ses conquêtes et desseins pour l'Afrique et les Indes. (*Le P. Anselme.*)

Plut a dieu! — Devise de la ville de Besançon.

Plutot mourir! (*Cri.*) — Monteynard. (Provence.)

Plutot mourir que mentir. — De Couëtus, en Bretagne.

Plutot mourir que palir. — Le Lagadec, en Bretagne.

Plutot rompre que plier. — De Carné, en Bretagne.

Poco duri, purche m'inalzi. (*Une fusée.*) — Le comte d'Illiers.

Pœnitet æternum mens non provida rite. (*Trois tiges de riz.*) — Rollain Thierry, imprimeur, mort en 1623.

Point géhenné, point géhennant. — Pappe, en Bretagne.

Point gesnant, point gesné. — De la Forest, en Bretagne.

Pollet virtus. — Pol.

Pondus amor patriæ levat. (*Amour portant une ville dans sa main.*) — J. Venot, maire de Dijon.

Jeton de 1620.

POR CASTILLA, Y POR LEON, NVEVO MVNDO HALLO COLON. — Dom Christophe Colomb.

PORTA CŒLI, CRUX. — D'Argentré, en Bretagne. (Porte une croix.)

PORTARUM CLAUSTRA REVELLIT. — La Meilleraye.

PORTIO MEA, DOMINE, SIT IN TERRA VIVENTIUM. —Devise de J. Grollier, amateur éclairé des arts et particulièrement des belles reliures.

Inscrite en lettres d'or sur ses livres.

POST TENEBRAS LUX EVERGO. — Motet.

POST TENEBRAS SPERO LUCEM. — Laurencin de Chanzé. — Donquer de T'serroéloffs. — Mangot de Surgères.

POSTES PORTASQUE REFREGIT. — Chabert.

POTENTIA ET VIRTUTE. — Le comte de Tournon-Simiane, pair de France.

POTIORA RECONDIT. (*Grenade.*) — Sur un jeton d'argent (1674) au nom de Anne-Marie-Louise, princesse souveraine de Dombes. (Anne-Marie-Louise d'Orléans, dite Mademoiselle de Montpensier.)

POTIOR PAX UNA TRIUMPHIS. (*Un cœur.*) — Sébastien Huré, libraire, mort en 1619.

POTIUS MORI QUAM FŒDARI. — Anne de Bretagne, reine de France. — Henry de Bohal. — De Keranflec'h. — De Carheil (Bretagne). — Le duc de Rohan-Chabot. — Le comte de Baschi du Cayla, pair de France.

Devise aussi du sieur Du Bouchet, chevalier de l'ordre du roi et l'un de ses gentilshommes servants. « Savant en histoire, en blason et en généalogie; porte d'hermine à pièces levées de gueules faites en forme de croissans élargis, posées sous chaque hermine. » (*La Colombière.*)

POUR ASSEMBLER LE SAUTOIR, IL FAUT MAILLET ET CHEVILLES. — Maillard, en Bretagne. (Porte un sautoir et des maillets.)

POUR AVOIR SERVI FIDELLEMENT. — Devise de l'ordre de la Charité chrétienne, institué par Henri III, roi de France, pour de pauvres capitaines et soldats estropiés au service du roi et du public.

POUR BIEN DÉSIRER. — Barret - Lennard (baronnet). — Brand (baron-diacre), en Angleterre.

POUR BIEN FAIRE. — Vulson de la Colombière.

POUR CE QU'IL ME PLEST. — Devise sur le sceau d'Olivier de Clisson, chevalier breton. 1407.

POUR DIEU ET L'HONNEUR. — De Launay, en Bretagne.

POUR ELLE TOUT MON SANG. — La Porte.

POUR FIDÈLEMENT TENIR. — Chanu, en Bretagne.

POUR GLOIRE NE PLAINE MOURIR. — De Playne, en Bourgogne.

POUR JAMAIS. — Courcelles. — Charles de Gorrevod, seigneur de Marnai, en Franche-Comté.

Jeton du XV*e siècle.*

POUR JAMAIS COURTEVILLE. — Courteville de Hodicq.

POUR LA DÉFENSE. — Beaumont.

POUR LA GLOIRE. — Ambly.

POUR L'AMOUR D'ELLE. — Robe-Mirebel.

POUR LE MIEUX. — De Kerouzy, en Bretagne.

POUR LE MIEULX. — Beaulincourt.

POUR LES DEUX. — Rivière.

POUR L'ÉTERNITÉ. — Chandieu.

POUR L'HONNEUR. — « Devise de M. Humbert Guillot de Goulat, sieur de la Garenne-Garnier, chevalier de l'ordre du roi. Vaillant, docte et curieux capitaine d'une compagnie de chevau-légers qui a réduit en art les exercices de la cavalerie et donné, sur ce sujet, au roi Louis XIII la méthode et la connaissance des plus belles et plus nécessaires évolutions. » (*La Colombière.*)

POUR LOYAULTÉ SOUTENIR. — Pierres, en Anjou et Bretagne.

POUR LOYAUTÉ MAINTENIR. (*Une épée nue avec une banderolle.*) — L'ordre de chevalerie de Chypre. — De Keruër, en Bretagne.

POUR MA DÉFENSE. — Harcourt.

POUR MIEUX J'ENDURE. — Smissaert. (Pays-Bas.)

POUR MON HONNEUR. — De Vaucouleurs, en Bretagne.

POVR PARVENIR AV BVT. (*Croissants entrela-*

cés et un carquois.) — Henri II, roi de France.

Jeton.

POVR PARVENIR IE LABEVRE. — Henri II, roi de France.

Jeton.

POURQUOI ? — De Nevet, en Bretagne.

POUR SOUTENIR LOYAUTÉ. — Pierres de Marnay.

POUR TROIS. — De Latier de Bayanne, en Dauphiné.

POUR UN AUTRE NON. (*Un aviron ou rame flamboyante.*) — Devise d'André de Laval, amiral de France.

POUR UNG MIEULX, CROY. — Croy.

Jeton de 1532.

POUR UN MIEULX DU CHAMBGE. — Du Chambge. (Flandre.)

POUR Y PARVENIR. — Manners-Sutton, duc de Rutland, en Angleterre.

PRÆ MILLIBUS UNUS. — Vintimille.

PRÆPARAT ARMA JOVI. (*Un nuage d'où sort la foudre.*) — Marie-Adélaïde, duchesse de Bourgogne.

Jeton de 1703.

Præstat componere fluctus. (*Neptune sur son char.*) — Henri IV.

Jeton de 1602.

Præsto et persto. — Hamilton (comte d'Haddington).

Prævide futura. — Balbian de Vial.

Prævidet et providet. (*Minerve mesurant le globe avec un compas.*) — B. Le Compasseur de Courtivron, maire de Dijon.

Jeton de 1622.

Pred eo, pred a vo. (*Il est temps, il sera temps.*) — De Kersauson, en Bretagne.

Prementem pungo. — De Lannion, en Bretagne.

Premi potui, sed non depremi. — De Tixier-Damas, en Bourgogne et Bretagne. (Porte une fasce ondée.)

Prend moy tel que je sui. — Le comte d'Ely, en Irlande.

Prendre conseil. — Guiomar, en Bretagne.

Prends garde ! — De Keranguen, en Bretagne.

Prends garde a ce que tu feras. — Du Rouazle, en Bretagne.

PRENDS LE BOIS ET LAISSE LES SOUCHES. — De Lesquiffiou, en Bretagne. (Porte trois souches.)

PRÈS D'ACCOMPLIR. — Aston. — De Talbot, en Angleterre et Bretagne.

PREST POUR MON PAYS. — Le baron Monson. — King, baron d'Ockham, en Angleterre.

PREST VÉ. (*Il serait prêt.*) — De Coëtivi. — De Penmarc'h, en Bretagne. (Porte une tête de cheval.)

PREUX ET COURTOIS. — Dessey du Leiris.

PREUX ET LOYAL. — Straten-Ponthoz. (Flandre française.)

PREVIDE (*sic*) ET PRÆVIDE. — Boitouset, à Besançon.

Jetons de 1648 et 1667.

PRIER VAUT A L'HERMITE. — Tristan l'Hermite.

PRIE SANS CESSE. — De Guernisac, en Bretagne.

PRIMITUR, NON OPPRIMITUR. — Le cardinal Delphini.

PRIMUS JULIO SUB SIDERE CONSUL. — J. Catin, maire de Dijon.

Jeton de 1671.

PRINCIPIIS OBSTA. — Baronnet Folkes, en Angleterre.

PRINCIPIS, PROCERUM, ET POPULI PLAUSU. — J. Joly, maire de Dijon.

Jeton de 1684.

PRINY ! (*Cri.*) — Les ducs de Lorraine prirent pour cri de guerre *Priny !* parce que c'était le nom de la forteresse qu'ils avaient sur les frontières du pays Messin.

PRINY ! PRINY ! (*Cri.*) — Chastelet.

PRISCA LUX, DUX CERTA SALUTIS. (*La colonne de feu qui guida Moïse dans le désert.*) — Le cardinal Antoine de Créqui, mort en 1574.

Jeton de 1565.

PRO ARIS ET FOCIS. — Dessoffy de Cserneck, en Hongrie et France. — De Thézan, en Languedoc et Bretagne.

PROBAT ACTA PRIORA TER REPETITUS HONOS. — J. de Frasans, maire de Dijon.

Jeton de 1638.

PROBÈ ET INCORRUPTÈ. — Mangot.

PROBITAS, VIRTUS ET FIDELITAS. — Agnel-Bourbon.

PROBUS, ILLÆSUS ET INEXPUGNABILIS. (*Un marteau frappe un diamant posé sur une enclume.*) — Laverne, maire de Dijon.

Jetons de 1591-1613.

PRO CHRISTO, ECCLESIA ET GREGE. — François Grolleau, évêque d'Evreux. (Porte une croix, une clef et une houlette.)

PRO DEO ET PATRIA. — Prince de Salm-Reifferscheid. — Dyk.

PRO DEO ET REGE. — Le comte de Mesnard, pair de France, et toute la famille, en Poitou. — Clinchamp de Bellegarde.

Ex libris *armorié.*

PRO DEO ET REGE ME SUSTINET TURRIS. — Du Puy de Cressonville.

PRO DEO, FIDE ET REGE. — Montaynard. (Dauphiné.)

PRO DEO, HONORE ET PATRIA. — Waltz, en Irlande et en France.

PRO DEO, PRO REGE. — De Blacas d'Aulps, en Provence et Allemagne.

PRO DEO, REGE ET PATRIA. — Boher. —

Libault, en Bretagne. (Porte des fers de pique.)

Prodest victoria victis. (*Le roi à cheval, l'épée haute, reçu à l'entrée d'une ville par les habitants agenouillés.*) — Louis XIII. Révolte de Dijon.

Jeton de 1629.

Prœmia martis. — Gibertès.

Prœmium virtutis honor. — Boquet.

Prœmium virtutis honos. — De Montrichard, en Franche-Comté. — Gallien.

Prœmium vitæ, mori pro patria. — Castillon de Mauvesin.

Pro facie ingenioque. — Léopold Marcel (de Louviers), membre de la Société des Bibliophiles normands, décédé en 1875.

Sur l'étiquette de ses livres.

Profero. (*Un aigle regardant le soleil.*) — Guillaume II, roi d'Angleterre.

Pro fide. — Voisins de Cuxac.

Pro fide et patria. — Le Royer, en Touraine et Bretagne.

Pro fide et rege. — Montereux. — Bourcier.

PRO FIDE, LEGE ET REGE.—Devise de l'ordre de l'Aigle blanc, créé par Frédéric-Auguste, roi de Pologne, en 1705.

PRO FIDE, PRO REGE, PRO ME. — Ferrand, en Poitou et Bretagne. (Porte des épées.)

PRO FIDE PUGNANDO. — De Martimprey, en Franche-Comté.

PRO FIDE SCUTA, A REGE LILIA. — Charbonneau, en Poitou et Bretagne. (Porte des écussons et des fleurs de lis.)

PROGENIES ET CURA SOLIS. (*Une perle, dans sa coquille, qui s'ouvre aux rayons du soleil.*) — Marie-Adélaïde, duchesse de Bourgogne.

Jeton de 1702.

PRO LEGE ET GREGE MORERE. (*Un pélican.*) — Louis Guillart d'Espichellière, évêque de Chartres et de Tournai.

Jeton du XVIe *siècle.*

PROLEM DAT JOVE DIGNAM. (*Une aigle dans son aire, avec un jeune aiglon.*) — La Grande Dauphine, Anne-Marie-Christine. (Le duc de Bourgogne était né en 1682.)

Jeton de 1683.

PRO LUMINE VIRTUS. — Obert.

Pro me, domine, responde. — Grasse.

Pro patria. — Monnicot. (Ile de France.)

Proprios ostentat honores. (*Un paon qui se mire dans sa queue.*) — Une des devises (plutôt une épigramme) de Blaise de Montluc. « Ce maréchal a vanté ses belles actions dans ses *Commentaires.* » (*Le P. Anselme.*)

Propter merita parentum. — Comte de Schlabrendorf.

Pro rege et pro fide. — Froulay de Tessé.

Pro rege et pro grege. — La ville de Beaune.

Jeton de 1635.

Pro rege meo sanguis meus. — Argiot de la Ferrière.

Pro robore virtus. — Borrey, à Besançon.

Jetons de 1624, 27, 28, 48.

Prorsum. — Brenier, sénateur. (Ile de France.)

Pro sceptris aras dat tellus et deus astra. — « Sur une médaille d'argent à l'effigie de saint Louis, l'une de celles qui furent placées dans la première pierre de fondation de la grande église de la maison professe des jésuites de Paris, dont le roi Louis XIII avait donné le terrain. » (*Piganiol de la Force.*)

PROSPÉRITÉ. — Costaing. — De Lusignan. (Dauphiné.)

PROTEGIT ET PASCIT. — Bellabre, en Bretagne. (Porte un palmier.)

Jeton d'un maire de Nantes, en 1748.

PROU DE PIS, PEU DE PAIRS, POINT DE PLUS. — O'Kourk de Gonsen (seigneur de Gonsen), en Flandre. *Victorious !* pour cri de guerre.

PROUT AUGESSIT UTILIOR. — Prousteau de Mont-Louis, lieutenant général de l'amirauté générale de France.

Sur l'étiquette armoriée de ses livres, XVIIIe *siècle.*

PROUT STO IN PERICULIS AUDENTIOR. (*Un navire en face d'un phare.*) — Deuxième devise de Prousteau de Mont-Louis.

PROVIDENTER. (*Une victoire, un pied sur l'urne du Rhin, tient une flèche d'une main et une couronne de l'autre.*)

Médaille frappée à l'occasion de la prise de Philisbourg, assiégée par les Français en 1688.

PROVIDENTIA, JUSTITIA ET PACE UBERTAS. — La ville de Dijon.

Jeton de 1690.

PRO VIRTUTE BELLICA. — Devise de l'ordre du Mérite militaire créé par Louis XV, 1759.

PRUDENCE ET FIDÉLITÉ. — Aulnis.

PRUDENS SIMPLICITAS. — Basemon.

PRUDENTES UT SERPENTES, DULCES UT COLUMBÆ. — Devise de la ville de Coulommiers.

PRUDENTIA DUCE, COMITE FORTITUDINE. — La ville d'Audenarde, alors réunie à la France. (Dans ses armes, surmontées d'une paire de bésicles, se trouve un lion.)

Jeton de 1676.

PRUDENTIA ET CONSTANTIA. — Le roi de Danemarck.

PUBLICIS VULNERIBUS DICTAMEN INVENIT. (*Apollon offrant le dictame à un cerf blessé.*) — J. de Frasans, maire de Dijon.

Jeton de 1635.

PUDEAT NOS PERDIDISSE DIEM. — Daniel, archevêque de Magdebourg.

PUGNA PRO PATRIA. — Morel.

PUGNAT, VIGILAT. — Michal de la Palu.

PULVEREM NON CONCHAM PROCELLA MOVET. — J. Tisserant, maire de Dijon.

Jeton de 1635.

PUNGIT SPINA TENACEM. — Du Botglazec, en Bretagne. (Porte des branches d'épines.)

PUNGO LACESSITA, ODI FŒDUM, DULCIA PROMO. (*Une abeille.*) — Charles d'Auberville, seigneur de Cantelou, bailli de Caen.

Jeton.

PUR COMME L'OR, PROMPT COMME L'ÉCLAIR. — Blonay. (Savoie.)

Q

QUÆ NOCENT, DOCENT. — Boucherat (Nicolas).

QUÆ NUMERAT NUMMOS, NON MALESTRICTA DOMUS. — De Malestroit, en Bretagne. (Porte des besants dans ses armes.)

QUÆ PONDERA SUSTINET, ÆQUAT. — J. Tisserant, maire de Dijon.

Jeton de 1623.

Quærunt post nubila solem. — J. Soirot, maire de Dijon.

Jeton de 1654.

Quæ sunt Cæsaris Cæsari, quæ sunt Dei Deo. — Riccé.

Qualis ab incepto. — C. Marlot, maire de Dijon.

Jeton de 1754.

Qualitate et quantitate. — De Kerméno. — Du Garo, en Bretagne.

Quam frustra et murmure quanto. (*Un rocher environné de vagues qui se brisent à ses pieds.*) — Jules Mazarin, cardinal duc.

Quand il plaira a dieu. — De Kerriec ou de Kerouartz, en Bretagne.

Quand le cor sonne, les lièvres se lèvent. — Gaësdon ou Gaëdon (*Lièvre*, en français), en Bretagne.

Quand sera-ce ? — David de Brimeu.

Quand tu pourras. — De Keraëret, en Bretagne.

Quantum est quod nescimus ! — Daniel Heinsius, helléniste, poëte, traducteur et savant critique du commencement du XVIIe siècle.

QUANTUS SUB SOLE NITOR! (*Un miroir exposé aux rayons du soleil.*) — La Dauphine, Marie-Josèphe de Saxe.

Jeton de 1754.

QUA PIA FATA. — Comte de Haxthausen.

QUARTO REPETIT UT AVUS HONORES. — Etienne Delamare, maire de Beaune.

Jeton de 1676.

QUATERNO SIDERE FELIX. (La planète Saturne et ses quatre satellites.) — La Dauphine, Marie-Josèphe de Saxe.

Jeton de 1758.

QU'AUCUN QUERELLEUR N'Y ENTRE. — De Penandreff, en Bretagne.

QUEBRAR ANTESQUE DEPLEGAR. — De Mayrot, en Franche-Comté.

QUEIS TUTUM FACIANT ITER. (*Deux phares à l'entrée d'un port, éclairant et guidant des vaisseaux.*) — Chambre de commerce de Picardie.

Jeton de 1761.

QUELLE SURPRISE CE SERAIT! — De Trédern, en Bretagne.

QUÉMER AR C'HOAT, HA LES AR C'HIFFIOU.

(*Prends le bois et laisse les souches.*) — De Lesquiffiou, en Bretagne. (Porte trois souches.)

QUÉMER QUÉLEN. (*Prendre conseil.*) — Guiomar, en Bretagne.

QUE MON SUPPLICE EST DOUX! — De Coëtquen, en Bretagne.

QUE NE FEROIS-JE POUR ELLE! — Salvaing, en Dauphiné.

QUE NUL NE S'Y FROTTE. — Croy. (5e devise.) « La maison de Créqui a eu de tout temps pour sa devise un hérisson ou porc-épic avec ces mots ci-dessus. » (*La Colombière.*)

QUE PENSE? — Le comte Howth, en Irlande.

QUERENS ANIMA JOVI. — Lemaye de Moyseaux.

QUERO PACEM ARMIS. (*Troupe de cavaliers armés.*)

Jeton d'Henri IV, de 1595.

QVE SÇAY-IE? — Devise de Michel de Montaigne.

QUI? — Piossasque ou Piossasco.

QUI BIEN COMPTE NE S'ABUSE. — Jean de Montluc, sieur de Balagny, maréchal de France, prince de Cambrai.

Jetons.

QUI BIEN JETTERA LE COMPTE TROUVERA. — Le comte de Charolais.

Jeton du XVe siècle.

QUI CROIT EN DIEU, CROÎT. — Baile.

QUI DÉSIRE N'A REPOS. — De Lantivy, en Bretagne.

QUID EST QUOD FUIT ? — Fauconnière.

QUID MAJUS ? (*Deux couronnes posées, l'une dans le ciel environnée d'un nuage, et l'autre sur la terre.*) — Jeanne Ire, reine de Sicile. « Voulant signifier qu'il ne pouvait rien arriver de plus grand que la couronne céleste, après le royaume terrestre dont elle jouissait. » (*Le P. Anselme.*)

QUID NON DILECTIS ? — Comte de Pourtalès, en Suisse, Prusse et à Paris.

QUID NON VINCERET ILLE ? (*Hercule terrassant l'hydre de Lerne.*)

Jeton armorié de 1706.

QUID NON PRO NUMERE TANTO ? (*Oiseau, sur un piédestal aux armes de Bretagne.*) — Naissance du duc de Bretagne. — Marie-Adélaïde, duchesse de Bretagne.

Jeton de 1708.

QUID OBSTET ? — Marivetz.

QUID PATRIÆ NON AUDET AMOR ? (*Amour portant une ville dans sa main.*) — B. Boulier, maire de Dijon.

Jeton de 1665.

QUID TIMEAS, AUTHORE BONO ? (*Homme marchant au milieu de monstres.*) — F. Moreau, maire de Dijon.

Jeton de 1636.

QUIÈRES QUI N'A. — Le comte de Panisse, pair de France.

QUIESCO TANDEM. — Devise qui se lit autour d'un cartouche au centre duquel est un chiffre ou monogramme composé de deux lettres *M* entrelacées. (XVIIe siècle.)

Sur la couverture d'un livre.

QUI EST SAESI EST FORT. — « La maison de Kerempnil portait autrefois le nom de Saesi, et, par allusion à son nom et à sa valeur, prit pour devise, *qui est saesi est fort.* » (*J. Le Laboureur.*)

QUI EST SAISY EST FORT. — Saisy ou Saesi, comme il s'écrivait anciennement, en Bretagne.

QUI EST SOT A SON DAM ? — Conen, en Bretagne.

QUIETUM NEMO IMPUNE LACESSET. (*Un chien assis sur ses pattes de derrière.*) — Devise de François Sforce, premier duc de Milan. — « Il prit cette devise après s'être mis en possession du duché qui lui échut par succession du côté de sa femme. » (*Le P. Bouhours.*)

QUIEVI. — Lemyre.

QUI FAIT BIEN, L'ENFER N'A ! — De Lenfernat, en Brie et Franche-Comté.

QUI ME ALIT, EXTINGUIT. (*Un flambeau renversé, que la cire éteint en dégouttant.*) — Devise de Saint-Valier, père de Diane de Poitiers, duchesse de Valentinois. — « Pour marquer que l'amour le faisait vivre et mourir tout ensemble. Il porta cette devise à la journée où les Suisses furent défaits près de Milan, par François Ier. » (*Le P. Bouhours.*)

QUI NON LABORAT, NON MANDUCET. (*Une gerbe de blé.*) — L'historien Commines, mort en 1509.

Sur son tombeau, au Louvre.

QUI NON POTEST SPERARE DESPERET NIHIL. — Billehé de Valensart.

QUI PENSE. — Saint-Lawrance (comte de Howth), en Angleterre. (Voir *Que pense ?*)

QUI SCIT MORI NIHIL TIMET. — Bock.

QUI SEMINANT IN LACRYMIS, IN EXULTATIONE METANT. — Laurent Davy, receveur de la ville d'Angers en 1594.

Jeton.

QUI SERA SERA. — Baronnet Folkes, en Angleterre.

QUI STATUIT, LEGEM ELEGIT. — Bérard, en Bretagne. — Comtes de Deciane ou Dezana, en Piémont.

QUI SUA METITUR PONDERA, FERRE POTEST. — J. Tisserant, maire de Dijon.

Jeton de 1624.

QUI S'Y FROTTE S'Y PIQUE. — La ville de Nancy. (Porte un chardon dans ses armes.) — De Rosières, en Franche-Comté. — De Hamel-Bellenglise-de-Grand-Rullecourt. (Artois.) — Du Gaspern, en Bretagne. (Porte un lion.)

QUITTE OU DOUBLE. — Botglazec, en Bretagne.

QUI VIVENS LÆDIT, MORTE MEDETUR. (*Un scorpion.*) — Devise de Louis de Gonzague, surnommé le Rodomont.

QUO COMPRESSA MAGIS. (*Une mine de poudre*

qui éclate.) — Jacques, prince de Galles, à Saint-Germain.

Jeton de 1697.

QUOCUMQUE FERAR. — Robaulx.

QUOD DIXI, DIXI. — Dixie.

QUO DEUS VOCAT SEQUAR. — Bresson. (Ile de France.)

QUOD NATURA DEDIT, TOLLERE NEMO POTEST. — Barthelemy d'Hastel. (Champagne.)

QUOD NEQUEUNT TOT SIDERA, PRÆSTAT. (*Un phare au bord de la mer sous un ciel plein d'étoiles.*) — « Devise faite autrefois pour le maréchal de Bassompierre, pour signifier que les personnes les plus signalées de son temps ne le valoient pas. » (*Le P. Bouhours.*)

QUOD SIS, ESSE VELIS. — Thezut. — Claude de Roquefeuil, seigneur de Miraumont.

Jeton de 1657.

QUOD SUSTINET ÆQUAT. (*L'Amour portant une ville dans sa main.*) — B. Boulier, maire de Dijon.

Jeton de 1674.

QUO FATA. — Gaigneau de Châteaumorand.

QUO FATA SEQUAR. — De Brosse, d'Étampes, de Limoges, etc., en Berry et Bretagne.

QUO FATA TRAHUNT. — De Saulx-Tavannes, en Bourgogne et Franche-Comté.

QUO FLUIT FERT. — Devise des Ribère, originaires de Portugal et qui s'établirent dans le Comtat-Venaissin; par allusion à leur nom et à leurs armes à la fasce ondée accompagnée de trois canettes.

QUO JUSSA JOVIS. (*Un aigle portant la foudre.*) — Devise de Maximilien de Béthune, duc de Sully, grand maître de l'artillerie.

Jeton de cuivre.

QUO JUSTIOR EÒ DITIOR. — Richard. (Bourgogne.)

QUO NON ASCENDAM? — Devise du surintendant Fousquet et des Foucquet de Belle-Isle (Anjou, Bretagne et Normandie). « La devise *vraie* de la famille Foucquet est : *Quò non ascendet?* » (*A. Duleau.*) — Lort de Serignan. — Comte de Bérengi, en Hongrie.

QUO NON ASCENDET? — La famille du surintendant Foucquet.

Jetons.

QUO NON HAC DUCE. (*Une boussole sur un*

vaisseau.) — Chambre de commerce de Bordeaux.

Jeton de 1750.

QUO PLURA REFUNDAT. (*Soleil entouré de nuages.*) — États de Bourgogne.

Jeton de 1677.

QUO POTIUS INSTANT FIRMUS ASSURGO. (*Arbre battu par deux vents opposés.*) — Baudinet, maire de Dijon.

Jeton de 1722.

QUO RUIT ET LETHUM. — Devise des Mousquetaires avec une bombe en l'air.

QUO TUTIUS, EÒ MELIUS. — Cabet, à Besançon.

Jetons de 1625 à 1628.

QUOY QU'IL EN ADVIENNE. — Bocsozel-Montgontier.

QU'UNE VOIE TIENNE, QUOI QUE ADVIENNE. — Thiennes. (Pays-bas.)

R

Ractal. (*Sur le champ.*) — De Trolong, en Bretagne.

Raison le veult, halewin. — Hallwin.

Jeton de 1562.

Raiz pé bar. (*Ras ou comble.*) — De Keranraiz, en Bretagne.

Rapido ma con legge. (*Le soleil au milieu des signes du Zodiaque.*) — Le duc d'Aremberg.

Jeton de 1720.

Rapior cœlo ne moriar. — Laurence de Budos, abbessė de la Trinité de Caen.

Jeton de 1610.

Raptum diadema reponit. — Devise donnée à Henri le Grand, et qu'on voyait dans la galerie du Palais-Royal à Paris.

Ras ou comble. — De Keranraiz, en Bretagne.

Rebus inest velut orbis. — J. Bossuet, maire de Dijon.

Jeton de 1614.

RECALCITRANTEM COGO. — Gagne.

RECEDANT VETERA. — Devise de Frédéric d'Aragon, roi de Naples (1496-1504), dépouillé de ses États par les Français et les Espagnols.

RECOURS A DIEU. — N... Oger, officier de la maison de Renée de France, duchesse de Chartres, etc.

Jeton du XVIe siècle.

RECREATIO LABORIS. (*Grappes de raisin au-dessus d'une coupe.*) — Bon de vin pour les ouvriers du canal de Briare.

Méreau de 1606.

RECTA SEQUI. — Chevalier de Stamfort.

RECTA UBIQUE. — Gavrier de Vergennes.

RECTA UBIQUE ET SIC ET COR. — François de Waroquier.

RECTÈ ET FORTITER. — Guillemin, à Besançon.

Jetons de 1666, 67, 71.

RECTÈ ET SEDULO. — C. Marlot, maire de Dijon.

Jeton de 1751.

RECTÈ ET VIGILANTER. — Oberkampf.

RECTÈ FACIENDO NEMINEM TIMEAS. — Baron de Thielmann.

RECTE FACTI FECISSE MERCES. — Henri, à Besançon.

Jetons de 1623, 26, 48, 65 à 67.

RECTITUDINE STO. — D'Arndt.

RECTO TRAMITE. — Orival, à Besançon.

Jeton de 1665, 66.

REDDE CUJUS EST. — Devise qui se lit sur une médaille qui fut frappée pour Jacques III, François-Edouard Stuart, dit le Chevalier de Saint-Georges, ou le Prétendant.

REDDITE DEO ET CESARI. — Le Bourgeois de Tournay.

REDDIT ET AUGET. (*Miroir ardent frappé par les rayons du soleil.*) — Marie-Adélaïde, duchesse de Bourgogne.

Jeton de 1701.

RED EO. (*Il faut.*) — De Penhoët, en Bretagne.

RED EO MERVEL. (*Il faut mourir.*) — De Kerjar, en Bretagne. (Porte un arbre.)

REGARDE, PEUPLE ! — De Moëlien, en Bretagne.

REGARDEZ MON DROIT ! — Baronnet Middleton, en Angleterre.

REGI ARMANDUS ET LEGI. — Armand.

REGIA SECURUS IRA. — Chiflet, à Besançon.

Jetons de 1665 à 1667.

REGIBUS SUIS SEMPER FIDELIS. — La ville de Marseille, en 1816.

REGI DEVOTAQUE JOVI. — Denys de Salvaing, premier président à la cour des comptes.

REGI DEVOTUS ET URBI. — J. Siredey, maire de Dijon.

Jeton de 1655.

REGI ERIT UNUS UTRUMQUE. (*Épée et bouclier surmontés de la couronne royale.*) — Gaston, duc d'Anjou, puis d'Orléans.

Jeton de 1616.

REGI ET PATRIÆ. — Aubremé. — Vrière.

REGI ET PATRIÆ FIDELIS. — G. Raviot, maire de Dijon. (Porte un chien.)

Jetons de 1772, 75, 78, 81.

REGI ET REGNO FIDELISSIMA. — Devise de la ville de Compiègne, inscrite en grosses lettres sur une de ses portes en 1668.

REGI FIDELIS. — Manoury, en Normandie et Bretagne.

REGI FIDELITATEM LILIA CORONANT. — Fages.

REGI PATRIÆQUE FIDELIS. — Fayole.

REGIS AD EXEMPLUM. (*Abeilles.*)

Jeton de Louis XIII.

REGIS HUC ME CLEMENTIA DUXIT. (*Un navire.*) — Roger de Bellegarde, pair et grand écuyer de France.

Jeton.

REGI SUO SEMPER FIDELIS. — Lescourt.

REGIT ATQUE MICAT. — Billerey, à Besançon.

Jetons de 1667 et 1669.

REGIT ME ET DIRIGIT ORBEM. (*Un soleil éclairant un cadran solaire.*) — États de Bourgogne.

Jeton de 1725.

REGIT NIDUM MAJORIBUS ALIS. — Marquis de Chambray, en Normandie.

REGIT PATRIUS AMOR. — J. P. Burteur, maire de Dijon. (Porte des flèches.)

Jeton de 1733.

REGIT UNICUS OMNES. (*L'Amour sur une aigle.*)

Jeton de 1665.

REMIGIIS UTAR SI NON AFFLAVERIT AURA. — Louis de Grolée. — « Le marquis de Bressieu avait pris pour devise *un vaisseau armé et fretté de voiles et de rames*, avec les mots ci-dessus. » (*La Colombière.*)

RENDS-MOI TEL QUE JE SUIS. — Le vicomte Loftus, en Irlande.

RENTY ! (*Cri.*) — Renty, en Artois. — Failly.

REPELLAM UMBRAS. — D'Espinay de Durestal, etc., en Anjou et Bretagne.

RE QUE DIOU. — Le prince-duc de Talleyrand, duc de Dino, pair de France. — Le prince de Chalais, duc de Talleyrand Périgord.

RERUM HINC NASCITUR ORDO. (*Le soleil levant dissipant les vapeurs du matin.*) — Philippe V, roi d'Espagne.

Jeton.

RERUM PRUDENTIA CUSTOS. (*Un bouclier avec la tête de Méduse.*) — Marguerite de France, duchesse de Savoie et de Berry.

Jetons du XVIe *siècle.*

RERUM PRUDENTIA VICTRIX. — De Gillaboz, en Franche-Comté. — Chapellier.

Rerum sapientia custos. (*Un rameau d'olivier enlacé de deux serpents en forme de caducée.*) — Devise de Marguerite de France, duchesse de Berry.

Resistit paucis, obruitur pluribus. (*Bouclier menacé par de nombreuses flèches.*) — États de Bourgogne.
Jeton de 1648.

Res, non verba. — Lazare Hoche, général en chef des armées de la République française. — De Fisicat, en Lyonnais.

Res nova, sana fides. — J. de Frasans, maire de Dijon.
Jeton de 1604.

Respice finem. — Montrivel, à Besançon.
Jetons de 1623 et 1630.

Restituta vetustas. — Baron Caballini d'Ehrenburg.

Resumpsit cornua cervus. — De Frasans, en Bourgogne. (Porte un cerf.)
Jetons de 1572 et 1573.

Ret eo. (*Il faut.*) — Penhoët.

Retrocedere nescit. — Claude de Thiard de Bissy, élu de la noblesse, en Bourgogne. (Porte des écrevisses.)
Jeton de 1746.

RET VE. — Coëtudavel.

REX ET LEX. — Le comte de Cornet, pair de France.

REX SPICULA NESCIT. (*Le roi des abeilles.*) — Louis XII, roi de France. — « Comme ce prince avait beaucoup de bonté et qu'il mérita d'être appelé le Père du peuple, sous son règne on fit pour lui cette devise. » (*Le P. Bouhours.*)

RICHESSE DE CARMAN. — De Kermavan ou Carman, en Bretagne.

RIDERE REGNARE EST. — Une des devises du régiment de la Calotte, inscrite sur la médaille grand bronze de cette société satirique fondée au XVIIIe siècle.

REDIT AGMINE DULCI. (*Une nuée qui se résoud en pluie.*) — Les Humoristes, à Rome.

RIDET MARIS IRAS. — Charles Poisson de Neufville, maire d'Angers en 1677. (Porte un dauphin.)

Jeton.

RIEN BON N'Y HA. (*Anagramme de Jehan Brinon.*) — Jean Brinon, conseiller au parlement de Paris en 1544.

RIEN DE TROP. — Du Mescouëz, en Bretagne.

RIEN NE M'EST PLVS, PLVS NE M'EST RIEN. — (*Une chante-pleure ou un arrosoir.*) — « Devise de Valentine de Milan, qui se voyait dans l'église des cordeliers de Blois. » (*Paradin.*)

RIEN QUI NE L'A. — Feschal.

RIEN SANS DIEU. — Baronnet Kerrison, en Angleterre.

RIEN SANS ENVIE. — Reynegom. (Pays-Bas.) — Reynegom Van Buzet.

ROBUR ET DECUS. — Richard de Boussière, à Besançon.

Jeton de 1667.

ROBUR ET DECUS NOVUM. (*Le génie de l'Abondance, appuyé sur les écussons accolés de Bourbon-Condé et de Hesse-Rheinfelds.*) — États de Bourgogne.

Jeton de 1728.

ROCHECHOUART ! (*Cri.*) — Jas.

ROCQ-BIHAN ! (*Cri.*) — Robien.

ROIE ! (*Cri.*) — Le sieur de Roie, en Vermandois.

ROI JE NE PEUX, DUC JE NE VEUX, ROHAN JE SUIS. — Rohan.

ROI NE PUIS, DUC NE DAIGNE, ROHAN SUIS. — Rohan, en Bretagne. — « Cette devise est vivement critiquée par le duc de Saint-Simon dans ses *Mémoires.* » (*A. Duleau.*)

ROMANIS DECUS UNDÈ FUIT. (*Soldat romain.*) — R. Romain de la Posonière, maire d'Angers en 1747.

Jeton.

RORE ET CŒLESTI POSSINT ADOLESCERE FLAMMA.—Charles de Lorraine, marquis d'Elbeuf.

Jetons du XVIe *siècle.*

Ro, sco. (*Donne, frappe.*) — La ville de Roscoff, en Bretagne.

ROTAT OMNE FATUM. — De la Fosse, en Bretagne. (Porte une roue.)

RUBET AGNUS ARIS. (*Un Agneau pascal.*) — Le cardinal de Birague, milanais, chancelier de France.

RUBET ENSIS SANGUINE ARABUM. — Devise de l'*ordre de Saint-Jacques de l'Épée*, en Espagne.

RUINA BONIS. (*Anagramme de Janus Brino.*)

— Jean Brinon, conseiller au parlement de Paris en 1544.

RUPIBUS FIRMIOR. — Rochemore.

S

SACER CUSTOS PACIS. — Le comte de Polignac, pair de France.

SACERDOS ET PRINCEPS. — Charles de Saint-Albin, bâtard du Régent, archevêque de Cambrai.

Jeton de 1726.

SACERDOS IN ÆTERNUM. — Le Prestre de Chateaugiron, en Bretagne, dont un célèbre bibliophile.

Cachet.

SACRA INQUE CORONAS. — Devise accompagnant l'écusson des orfévres de Paris. Cette compagnie avait pour armes — de gueules écartelées d'une croix entachée (dentée) d'or qui fait 4 quartiers ; aux 1er et 4e, à la couronne d'or à l'antique ; aux 2e et 3e, chargé d'un calice du même, au chef cousu de France.

Cette devise explique suffisamment la valeur symbolique des pièces de l'écu, les ornements sacrés et les couronnes.

Sæcli melioris origo. (*Le Temps montre une horloge au roi, assis sur un trophée d'armes.*) — États de Bourgogne.

Jeton de 1600.

Sævit, furit et ardet. — De Tréouret, en Bretagne. (Porte un sanglier.)

Sagittæ potentis acutæ. — Agut.

Saint-Aubert ! (*Cri.*) — Ladouve.

Saint-Haubert ! (*Cri.*) — Graincourt.

Salus et gloria. — Devise de l'ordre des Chevaliers de la *Vraie Croix*, institué en 1668 par l'impératrice douairière Éléonore de Gonzague, veuve de Ferdinand III, empereur d'Autriche.

Salus per christum redemptorem. — Stuart, comte de Moray. (Grande-Bretagne.)

Salus populi suprema lex esto. — Les États de Bourgogne.

Jetons de 1575 à 1623.

Sana luce virebo. — Laverne, maire de Dijon.

Jeton de 1592.

Sancte Ambrosi, tui sumus. — Ambrois.

Sanguinem, quid plura? — Pascal, en Languedoc et Bretagne. (Porte un Agneau pascal.)

Sanguis non fœdat. — Devise portée par plusieurs membres de la famille Geoffroy, de Lorraine, originaire de Provence.

Sanguis regum Hungariæ. — Devise des Crouy-Chanel.

Sans ayde. — Abbeville-Bouberstume. (Flandre et Picardie.)

Sansay sans ayde. — De Sansay, en Poitou, Orléanais et Bretagne.

Sans brésiller. — Henry, en Bretagne. (Porte un sanglier en furie.)

Sans changer. — Le comte Derby (Stanley), en Angleterre. — Baronnets Musgrave.

Sans chimères et sans reproches. — De Lespinasse, en Bourgogne, Champagne, etc.

Sans crainte. — Faucher, à Avignon et

en Bretagne. — Baronnet Tyrrel, en Angleterre.

Sans décliner. — Senarclens de Grancy, van Haanwick. (Pays-Bas.)

Sans défaloir. — De Goux, en Franche-Comté.

Sans départir. (*Deux écots de bois réunis par un tourniquet.*) — Devise de Beauveau-Craon, gouverneur du duc François de Lorraine, 1714.

Sur un jeton de cuivre.

Sans départir. — Saint-Martin-d'Aglié. — Devise accompagnant cinq flèches surmontées d'une couronne de marquis.

Sur un volume de la 1re bibliothèque du cardinal Mazarin.

Sans détour. — Briand, en Bretagne.

Sans dieu, rien. — Le baron Petre, en Angleterre.

Sans douter. — Marescoti.

Sans effroy. — De Kerloaguen, en Bretagne. (Porte une aigle.)

Sans espoir. — La Balme des Mares.

Sans fard. — Devise de Vischer et de Vischer de Celles. (Pays-Bas.)

SANS FIEL. — De Gouzillon, en Bretagne. (Porte des pigeons.)

SANS LARCIN. — Hemery, en Bretagne. (Porte trois chouettes.)

SANS LUY, RIEN. — Magnien du Collet.

SANS MAL. — Commines.

SANS MAL PANSER (*sic*). — Cette devise se trouve inscrite en caractères gothiques sur un peigne en buis de la fin du XVe siècle, déposé au musée de Dijon.

SANS MAL PENSER. — De Goujon de Thuisy, en Champagne.

SANS ME DÉPARTIR. — La famille de Beauvau.

SANS PEUR ! — Malarmey.

SANS PEUR ET SANS REPROCHE. — Bayard (du Terrail).

SANS PLUS. — De Derval, en Bretagne.

SANS REDIRE. — Lameth.

SANS RÉMISSION. — De Guilimadec, en Bretagne.

SANS REPROCHE. — Constantin. — De Gand,

en Flandre. — Boitouzet de Poinsson, en Franche-Comté. — Lalaing.

SANS RIEN CRAINDRE. — Arod de Chassieu.

SANS S'ENDORMIR. — Grégoire de la Gache.

SANS SORTIR DE L'ORNIÈRE. — Devise de la maison de la Trémouille, en Poitou et Bretagne. « A, pour corps de sa devise ancienne, une roue de charrette avec les paroles ci-dessus. » (*La Colombière.*)

SANS TACHE. — Napier, en Angleterre. — Du Bourblanc, en Bretagne. — Ferron, en Bretagne. (Par concession d'Henri IV, en 1590.) — Preston (vicomte Gormauston), en Angleterre.

SANS TROMPERIE. — Varenard de Billy.

SANS VANITÉ NI FAIBLESSE. — Robien.

SANS VARIER. — Alinge. — Du Pontlabbé, en Bretagne. (Porte un lion.)

SANS VARIER, VERGY! — De Vergy, en Bourgogne et Franche-Comté.

SANS VENIN. — Cassard, en Dauphiné. Par allusion à la licorne de ses armes. — André, en Bretagne.

Sans y penser. — Barton de Montbas.

Satiabor cum apparuerit. — Cental de la Tour d'Aigues. — « Louis de Boulliers, vicomte de Demont et de Reillane, gouverneur de Marseille pour le roi René, lequel lui donna, pour ses bons services, la bordure de ses armes de Jérusalem et de Sicile, et pour cimier un cerf-volant ; pour devise les mots ci-dessus. » (*Fr.-Math. de Goussancourt.*)

Satis est prostrasse leoni. — E. Humbert, maire de Dijon.

Jeton de 1627.

Saucias et deffendis. — De Raimond-Modène, au Comtat-Venaissin.

Sauciat et defendit. — Ursins.

Saucourt ! (*Cri.*) — Mouy.

Scandit fastigia virtus. (*Une plante de joubarbe sur un toit.*) — Lionne de Leissens. — Sugger, abbé de Saint-Denis, qui, de simple moine, était devenu abbé et ministre d'État.

Sceptri fultura cadentis. (*Sceptre, placé sur un autel, soutenu dans sa chute par plusieurs bras armés d'épées.*)

Jeton d'Henri IV, de 1597.

SCOPULUS PYRATARUM. — M.-A. Millotet, avocat général, maire de Dijon.

Jeton de 1651.

SCUTO DIVINO. — Kay.

SÉCHELLES ! (*Cri.*) — Le sieur de Moy ou Mouy, en Vermandois.

SECRET ET HARDI. — Rice (baron Dynevor), en Angleterre.

SECURA DUABUS. (*Navire assujetti au rivage par deux ancres.*) — États de Bourgogne.

Jeton de 1694.

SECURI SECURUS. — Charpentier de Beauvillé.

SECURITAS ALTERA. (*Une herse surmontée d'une couronne.*) — Devise de Henri VIII, roi d'Angleterre.

SECURITAS CIVITATIS. — La ville de Besançon.

Jeton de 1665.

SECURITAS PUBLICA. — Les notaires royaux de Saint-Quentin.

SECURITAS REGNI. — « Devise de l'ordre des Chevaliers de Chypre ou de l'Épée, instituée par Gui de Lusignan, chevalier français, originaire du Poitou, roi de Jérusalem et de Chypre. — Au bas du collier pendait un ovale où était une épée à la lame émaillée d'argent, la garde croisetée et fleurdelisée d'or, et, pour devise, celle ci-dessus ; dans le collier sont entrelacées les lettres S. R., *Securitas regni.* » (*Delaigue.*)

SECURO SENSU, CURA SEMOTA METUQUE. — Bert.

SEDET OMNIBUS UNA. (*La justice.*) — Le parlement de Dijon.

Jeton de 1616.

SED VIRTUS NESCIA FRANGI. — Ambel.

SEEL POPLE ! (*Regarde peuple.*) — De Moëlien, en Bretagne.

SEGREGAT UT SERVET. (*Un van.*) — Francs-fiefs de Bourgogne, et chambre des États-généraux.

Jeton de 1696.

SEGUITANDO SI GIUNGE. — Lambert.

SELON LE LIEU. — Châteauchalon.

SELON LE TEMPS. — Boisseau du Bosey. — D'Yvignac, en Bretagne.

SEL PÉTRA RI. (*Prends garde à ce que tu feras.*) — Du Rouazle, en Bretagne.

SEMEN AB ALTO. — Gibon, en Bretagne. (Porte trois gerbes.)

SEMPER COR CAPUT CABOT. — Cabot.

SEMPER ERIT VERDUN, FLORESCANT LILIA SEMPER, SEMPER ERIT VERDUN, LILIA SEMPER ERUNT. — Le drapeau de l'Arquebuse de Verdun, dissoute en 1723, devenu celui de la ville.

SEMPER ET UBIQUE BONUS. — Bon de Lignim.

SEMPER ET UBIQUE FIDELIS. — Le baron Bourke, pair de France. — Le duc de Fitz-James, pair de France.

SEMPER FIDELIS. — Le Gac, en Bretagne. (Porte un lion.) — Le comte de Lynch, pair de France. — Lunaret. — Thonel d'Orgeix. (Foix.)

SEMPER FUERUNT, SEMPER. — Vitton de Saint-Allais.

SEMPER IDEM. — Devise de Richelieu.

Au bas d'un portrait de ce ministre.

SEMPER IDEM. — Monnier de Noironte, à Besançon.

Jetons de 1665 à 1669.

SEMPER IMMACULATUS ERO. — Pelissier Desgranges.

SEMPER IMMOTA FIDES. — Comte de Woronzoff, en Russie.

SEMPER IN ALTUM. — Falcoz.

SEMPER IN ORBITA. — La famille Charrier, en Auvergne et Lyonnais, dont Guillaume, abbé de Quimperlé, en 1668. (Porte une roue.)

SEMPER LEO. — Le duc de Saulx-Tavannes, pair de France. (Porte un lion.)

SEMPER MAGIS. (*Cri.*) — Galléan.

SEMPER PARATUS. — Lascazes.

SEMPER PARATUS PUGNARE PRO PATRIA. — Baronnet Lockhart, en Angleterre. (Dans l'Orléanais se trouve une branche de cette famille.)

SEMPER RECTA VIA. — Baron de Cunibert.

SEMPER UBIQUE FIDELES. — Le vicomte Walsh, littérateur.

SEMPER VIGIL. — L'Hospital. — Chassepot de Beaumont.

SEMPER VIGIL HONORIS. — Le Coq de Biéville. (Normandie.)

SEMPER VIRENS. — Du Bois, en Bretagne et au Maine. (Porte des pins dans ses armes.) — Avril de Burey, en Normandie. (Porte un arbre dans ses armes.)

SEMPRE IL HE. — Salvaire d'Aleyrac.

SENWART CRÈVECŒUR. — Delobé.

SEPARATA LIGAT. — Pontevez.

SEQUAMUR QUÒ FATA VOCANT. — De l'Espinay, en Bretagne.

SERVABOR RECTORE DEO. — Devise de la ville de La Rochelle.

SERVANTI CIVEM QUERNA CORONA DATUR. — La ville de Chartres.

Jetons du temps de Louis XVI, et sur le cachet armorié de la mairie, 1816.

SERVARE INTAMINATUM. — Baron de Sina de Hodos et Kizdia.

SERVAT ET ABSTINET. — Colbert, surintendant des finances.

SERVAT ET ORNAT. — Baudinot, maire de Dijon.

Jeton de 1680.

SERVATI PRÆMIA REGIS. — De Soissons-

Moreuil. (Porte un mi-lion sur un champ fleurdelisé.)

Jeton de la fin du XVIIe siècle.

SERVAT, UT SERVIAT UNI. (*Pentalpha dans un cercle fleurdelisé.*) — Gaston, duc d'Anjou, puis d'Orléans.

Jeton de 1623.

SERVET QUAM PRIMA RECEPIT (FIDEM.)—États de Bourgogne, 1591.

Jeton.

SERVIR A GARDAR. — Pallavicini.

SERVIR DIEU EST RÉGNER. — De Kermorvan, en Bretagne.

SERVIRE DEO, REGNARE EST. — Jourdain, en Bretagne. — Pierre, cardinal de Foix.

SES PREMIERS REGARDS SONT POUR MOY. (*Le soleil, se levant dans la constellation du Bélier, éclaire une montagne.*) — États de Bourgogne.

Jeton de 1686.

SETA COMBURET IGNIS.—D'Igny, en Franche-Comté.

SE TAIRE ET AGIR. — De Kerret, en Bretagne.

SEUL. (*Un hibou.*) — Charles, sire de Croy, duc d'Arschot.

Jeton du XVIe *siècle.*

SEULE Y SUIS. — Terpsichore, la 3e muse, (XVe siècle).

SEU PACEM, SEU BELLA GERO. (*Cartouches ovales, l'une aux armes de France, l'autre aux armes d'Espagne, surmontés de la couronne de France, et soutenus de deux palmes croisées, pour marquer l'union de ces deux royaumes.*) — Devise des gendarmes et chevau-légers de la Reine : ces deux compagnies créées en 1660, pour la reine Marie-Thérèse d'Autriche, après son mariage avec le roi.

SI APPROCHEZ, ELLES PIQUENT. — Isnard.

SIBI SOLI SOLA MERCES HONOR. — Lisola, à Besançon.

Jeton de 1648.

SIC CLAM ET PALAM. — Garnier de Falletans, en Franche-Comté.

SIC CREVIT AB OVO. (*Un crocodile.*) — Une des devises de François de Bonnes, connétable de Lesdiguières, « qui, de simple gentilhomme, est parvenu au faite des honneurs et a augmenté sa réputation jusques à la mort. » (*Le P. Anselme.*)

SIC DEUS DILEXIT MUNDUM. — J.-A.-M. Foulquier, évêque de Mende, en 1849.

SIC DONEC. — Baron de Stockmar.

SIC EGO PASCO GREGEM. (*Un pélican.*) — Joachim-Joseph d'Estaing-Saillant, évêque de Clermont, puis évêque de Saint-Flour.

Jetons de 1619-1694.

SIC ET COR. — « Devise de messire François de Varoquier, chevalier de l'ordre du Roi, trésorier général de France à Paris, curieux et savant en l'histoire et science héraldique. » (*La Colombière.*)

SIC FORTIS UT HUMANUS. — Des Reaulx.

SIC FULTA VIRESCIT. — Varin d'Audeux, à Besançon.

Jeton de 1648.

SIC ITUR AD ASTRA. (*La vérité marchant à droite, à ses pieds un dragon.*) — Sur une médaille de Jean de Lorraine, archevêque de Reims, pair de France.

SIC ITUR AD ASTRA. (*Guerrier saisissant la fortune aux cheveux.*)

Jeton de 1603.

SIC ITUR AD ASTRA. — Accompagnant un

écusson soutenu par deux lions et surmonté d'une couronne de marquis.

Sur la couverture d'un livre.

SIC ME FATA VOCANT. (*Aigle et aiglon prenant leur essor.*) — États de Bourgogne.

Jeton de 1757.

SIC ME MEA FACTA DECORANT. — Joachim d'Estaing, evêque de Clermont. (Les d'Estaing portent trois fleurs de lis par concession de nos rois.)

Jeton de 1619. Autre de 1653, pour cette famille.

SIC MONSTRA DOMANTUR. (*L'Amour monté sur un lion.*) — Charles de Stainville, seigneur de Poully.

Jeton de 1570.

SIC NOS, SIC SACRA TUEMUR. — Baronnets Mac-Mahon, en Angleterre.

SIC OMNIA. — Recourt.

SI CONSISTANT ADVERSUM ME CASTRA, NON TIMEBIT COR MEUM. — Castera.

SIC PER USUM FULGET. — Le comte de Pérusse-d'Escars, pair de France.

SIC RECTA ET CANDIDA VIRTUS. — E. Joly, maire de Dijon.

Jeton de 1605.

SIC SALE VIRESCO. — Salinis.

SICUT AQUA EFFUSUS SUM. — P. Comeau, maire de Dijon.

Jeton de 1658.

SICUT DESIDERAT CERVUS FONTES AQUARUM. — De Boigne, en Franche-Comté.

SICUT ERAT IN PRINCIPIO CAULIERS. — « Devise particulière de Anne de Montmorency, pair, grand maître et connétable de France. » (*La Colombière.*)

SICUT LILIUM INTER SPINAS. — Esme Joly, maire de Dijon.

Jeton de 1615.

SICUT OVIS. — Berbis de Dracy.

SICUT SAGITTÆ IN MANU POTENTIS. — Le Gac, en Bretagne. (Porte une main tenant cinq flèches.)

SICUT SOL EMICAT ENSIS. — Villeneuve.

SIC VALIER. — Valier.

SIC VINCIT AMICOS. (*Pluie d'or tombant sur une ville.*) — Louis XIV. Rachat de Dunkerque aux Anglais.

Jetons de 1663

SIC VIRTUS SUPER ASTRA VEHIT. — Fremiot, maire de Dijon.

Jetons de 1596 et 1597.

SIC VISUM SUPERIS. — Le chancelier de Granvelle. — Perrenot de Granvelle, en Franche-Comté.

SIC VISUM SUPERIS [AQUILAM SUBMITTERE]. — « Addition ironique de la maison de Rye à la devise du cardinal de Granvelle, ce dernier ayant pour cimier une hure de sanglier, et dans ses armes une aigle de l'Empire. » (*Labbey de Billy.*)

SI DEUS MECUM, QUID CONTRÀ ME? — Baron de Brandhofen.

SI DEUS NOBISCUM, QUIS CONTRA NOS ? — Le vicomte Montmorres, en Irlande (issu des Montmorency de France).

SI DIEU NE ME VEUT, LE DIABLE ME PRIE. — Robert II de la Marck.

SI DIEU PLAIST. — De Kergoët, en Bretagne.

SI DIEUX PLAIST. — « Devise d'un ordre du Saint-Esprit qu'on dit avoir été fondé en 1353 par Louis de Tarente, roi de Jérusalem et de Sicile et comte de Provence, mari de la reine

Jeanne Ire. Cet ordre se nommait aussi *Droit Désir.* » (*Hermant.*)

SIDUS ADSIT AMICUM. — Bateman.

SI ELL DUR, YO FORT. (*S'il est dur, je suis fort.*) — Raymond de Durfort, au siége de Valence, en 1238.

SI FABULA, NOBILIS ILLA EST. — Sassenage.

SI FRACTUS ILLABATUR ORBIS, IMPAVIDUM FERIENT RUINÆ. — Le chancelier L'Hospital.

SIGNAT ITER. — Gellée de Premion, en Bretagne. (Porte un compas.)

SIGNAVIT PER ORBEM. — Liotaud du Serre.

SIGNO, MANU, VOCE VINCO. — Michels.

SIGNUM PACIS. — Olivier, en Bretagne. (Porte une colombe tenant en son bec un rameau.) — Gozzi, à Venise, porte cette légende dans ses armes.

SI IN PUTEO, ETIAM IN FONTE SALUS. (*Paysage arrosé par une fontaine.*) — Simon Renard, sieur de Bermond. (Franche-Comté.)

Jeton de 1587.

SI J'AVANCE, SUIVEZ-MOI; SI JE FUIS, TUEZ-MOI; SI JE MEURS, VENGEZ-MOI. — La Roche-Jacquelein.

SI JE PUIS. — De la Vernée. — David, en Bretagne, XVIe siècle. — De Rostrenen, en Bretagne. — Livingston, en Écosse et en France. — Baronnet Colquhoum, en Angleterre. — Comte Newburgh, en Écosse.

SI JUNCTI SUMUS AMORE. (*Lion couché près d'un cep de vigne.*) — J. marquis d'Espinay, comte de Durestal.

Jeton de 1578.

SILENCE ! — Morny.

SILENCE A MOLAC ! — De Molac, en Bretagne.

S'IL N'ÉTOIT. — Gerbais.

S'IL PLAIST A DIEU. — De Kerlec'h, en Bretagne. — De Parcevaux, en Bretagne. — Du Chastel, en Bretagne.

S'IL SE PEUT FAIRE, FÉRIEX. — Ferrière, en Bretagne.

S'ILS TE MORDENT, MORDS-LES. — La ville de Morlaix, en Bretagne.

S'IL TOMBE, IL SE RELÈVE. — Hensaff ou d'Ouessant, en Bretagne.

S'IL VIENT A POINT, M'EN SOUVIENDRA. — Bohier, en Touraine et Bretagne.

Si mei non fuerint dominati, tunc immaculatus ero. — Devise du pape Clément VIII, de la maison Aldobrandine.

Si mieux, non pis. — Seyturier.

Simplex sigillum veri. — Devise du célèbre médecin Tronchin.

Simplicitas. — Colombet.

Simpliciter et confidenter. — Comte de la Pérouse.

Sincera fide, claro ingenio. — De Lattre.

Sincerè et constanter. — Baron Tucher de Simmelsdorf et Winterstein.

Sine dente rosa. — De Rosières.

Sine labe. — Labbey de Billy, en Franche-Comté.

Sine largitione et ambitu. — B. d'Esbarres, maire de Dijon.

Jeton de 1575.

Sine macula. — Blanc. — Deagent, en Dauphiné.

Sine macula, macla. — Le Bascle d'Argenteuil.

Sine macula, unicam relinquo. — Laisné.

SINE MACULA OU MACULIS. — De Guer, en Bretagne. (Porte des macles.)

SINE MACULIS. — Le Bouteiller, en Bretagne.

SINE MESSE FAMES. — Moisson.

SI N'ESTOIT. — Gerbais.

SI OMNES EGO NON. — De Clermont-Tonnerre, en Dauphiné, Bretagne et Normandie.

SI QUIS ADHUC PRECIBUS LOCUS. (*Le roi, sur son trône, reçoit les supplications d'une femme.*) — Louis XIII. Révolte de Dijon. — États de Bourgogne.

Jeton de 1630.

SI RECTÈ VIVIS, FAC MIHI QUOD TIBI VIS. — Devise que Guillaume d'Évreux, compositeur de musique, et décédé prieur de Sainte-Barbe en Auge en 1153, fit graver sur son sceau particulier.

SIS MITIS ET ÆQUUS. — Gaze, de Rouvray, de Joursanvault, en Bourgogne.

Jeton du XVIe siècle.

SI STOR, NON SISTOR. — Vissec de La Tude de Ganges.

SIT LAUS DEO ET GLORIA. — Devise qui se

lit sur des liards de billon, de Nicolas du Chastelet-Vauvillers (maison de Beaufremont et du Châtelet-Vauvillers).

SIT NOMEN DOMINI BENEDICTUM. — Baron de Bianchi, duc de Casalanza, en Italie. — La ville de Dijon. — Jean II, duc de Berry.

Jetons de 1694-1695, et sur plusieurs monnaies.

SOCIETATIS VINCULUM HARMONIA. (*Une lyre rayonnante, ornée de branches de lauriers.*) — Société mélophile d'Avallon.

Jeton de 1787.

SOIN ET VALEUR. — Jacob de la Cottière ou de la Cotterie.

SOIT ! — De Coëtmenec'h, en Bretagne.

SOIT, SOIT ! — De Launay, en Bretagne.

SOLA FIDES SUFFICIT. — Bruyères-Chalabre.

SOL AGENS. — De Solages, en Rouergue.

SOLA MIHI REDOLENT. (*Trois fleurs de lis au naturel.*) — « Armand du Plessis, cardinal de Richelieu, voulant témoigner l'affection qu'il avait pour la gloire de l'État. » (*Le P. Anselme.*)

SOLA NOBILITAS, VIRTUS. — Hamilton, marquis d'Abercorn. (Grande-Bretagne.)

SOLA NUNQUAM MARCET VIRTUS. — Bouquet, à Besançon. (Porte un pot rempli de fleurs.)

Jetons de 1625 à 1626.

SOLA SALUS SERVIRE DEO. — Le chevalier Enis d'Atter, en Allemagne. — Beausset.

SOLA VEL VOCE LEONES TERREO. — Le comte de Vogué, pair de France. (Porte un coq, dont le chant effraye le lion.)

SOLA VIVIT IN ILLO. (*Un tombeau d'où sort une flèche enlacée de deux branches de laurier.*) — Diane de Poitiers.

SOLDAT ET BRAVE. — Barville.

SOLEM SOLA SEQUOR. (*Un soleil, fleur des jardins.*) — Marie de Médicis.

SOLERTIA, FIDE. — Baron de Jacobi-Klöst.

SOLERTI, SIMPLICITATI. — Vachon.

SOLES PARITURA SERENOS. (*L'Aurore sur son char.*) — Marie-Adélaïde, duchesse de Bourgogne.

Jeton de 1704.

SOLI DEO. — Devise de Marie Boudon, grand archidiacre d'Évreux et auteur d'ouvrages mystiques, XVIIe siècle.

SOLI DEO GLORIA. — La ville de Dijon.

Jetons de 1631 et 1640.

SOLI FAS CERNERE SOLEM. — Langlois de Septenville. (Picardie.)

SOLI FIDELIS. — J. B. Costa, comte du Villards. (Un soleil surmonte le cimier.)

Jeton du XVIIIe siècle.

SOLI HÆC GESTANT INSIGNIA FORTES. — Du Bois-Boissel, en Bretagne.

SOLI PARET, ET IMPERAT UNDIS. (*Une lune.*) — Devise du duc de Beaufort, amiral de France.

SOLUM DEUM ADORABIS, ET ILLI SOLI DEO HONOR ET GLORIA. — Henri II.

Jeton de 1553.

SOLUS DEDIT, SOLUS PROTEGIT. — La ville de Charleville. — Attribuée aussi à la ville de Bourges.

Jeton de 1675.

SONNE HAUT, CLAIRON, POUR L'HONNEUR DE TA MAISON ! — De Cléron (d'Haussonville), en Franche-Comté.

SOREL ! (*Cri.*) — Crupilly.

SORS ET VIRTUS MISCENTUR IN UNUM. — E. de Loisie, maire de Dijon.

Jeton de 1607.

SORS UNA SCELERUM NESCIA. — Fiard, à Besançon.

Jetons de 1665 66, 69.

SOT CONTRE SOT. — De Kermorial, en Bretagne.

SOT OUC'H SOT. (*Sot contre sot.*) — De Kermorial, en Bretagne.

SOUFFRIR VAINCRA CROY. — Croy.

Jeton du XVIe siècle.

SOUVENANCE. — Croy.

SOVVENIR TVE BOVTON. — Devise de Claude Bouton, chevalier, conseiller et chambellan de l'empereur Charles-Quint. Il fut veuf de bonne heure. « Sa viduité, dit l'historien de cette maison, fut longue, mais non pas dans la continence, car il eut plusieurs bastards de diverses amourettes, qui, peut-être, lui firent prendre cette devise du repentir de ses fautes : *Souvenir tue.* » (*Histoire générale de la Maison de Bouton.*)

Sur un vitrail avec la date de 1553.

SOUVENT M'EN EST. — Baudoin, sire de Créquy.

SOUVIENNES-VOUS. — Croy.

SOYEZ FERME. — Le comte Carrick (Butler), en Irlande.

SPARGIT UNDEQUAQUE VENENUM. — Le Gentil, en Bretagne. (Porte un dragon volant.)

SPECTAT AD ASTRA. — Regnouard ou Renouard de Fleury, en Bretagne, Bourgogne et Franche-Comté.

SPE EXPECTO. — Léviston, ou Livingston, vicomtes de Kilsyth, en Écosse et en France.

SPERA IN DEO. — Le Divezat, en Bretagne.

SPERANS SENESCAM. — Vergy.

Jeton de 1561.

SPERANTI CURA. — Charpentier (le doyen de l'Académie française) avait pris pour devise un jeune laurier qu'une main arrose, avec ces mots, qui font l'anagramme de son nom latin, *Carpentarius, speranti cura*, « par lequel il a voulu témoigner qu'il aspirait, comme ses confrères, à l'immortalité ». (*Le P. Menestrier*.)

SPERA QUOD LICET. — Rozerot.

SPERATÆ NUNTIA LUCIS. (*L'Aurore sur son*

char.) — La Dauphine, Marie-Josèphe de Saxe.

Jeton de 1750.

SPERAVI ET SPERO. — Toquet.

SPERO IN DEUM. — De Bresdoul. — De Cannesson, en Ponthieu.

SPES ALTERA SURGIT. (*Un cep de vigne.*) — Marie-Adélaïde, duchesse de Bourgogne.

Jeton de 1710.

SPES CONSTANTER. — De la Hausse.

SPES DURAT AVORUM. — La princesse Anne de Rohan-Guéméné.

SPES EJUS NOMEN DOMINI. (*Le monogramme IHS.*) — Guillaume de la Noue, imprimeur, mort en 1601.

SPES ET FORTITUDO. — Le Corgne, en Bretagne.

SPES IN DEO. — Mouttinho de Lima. — De Kerguiziau, en Bretagne.

SPES MEA. — Grignart de Champsavoy.

SPES MEA CRUX ET AMOR. — Laval.

SPES MEA DEUS. — Pont-Jarno d'Aubannye. — De Sainte-Colombe. — Cossin. — Duprat.

— De Brezal, en Bretagne. — « Devise qui se lit sur une maison de belle apparence, portant la date de 1548, sise à Gray (Haute-Saône). » (*Delaquerrière.*) — Devise de Henri III, souvent accompagnée de la tête de mort.

SPES MEA EST IN AGNO. — « Devise-anagramme de Jean Espagnet, à l'aide de laquelle il voilait son nom. Il était président au parlement de Bordeaux et auteur de plusieurs ouvrages bien accueillis de son temps. » (*Baillet.*) Il y a une autre devise de lui. (Voy. les mots *Penes nos*, etc.)

SPES MEA IN DEO EST. — Comte Canto d'Yrles. — Brou.

SPES ME DURAT. — « Devise-anagramme qui cache le nom de Petrus Daems, auteur des Pays-Bas. » (*Baillet.*)

SPES NOVA. (*Olivier.*) — Marie-Adélaïde, duchesse de Bourgogne.

Jeton de 1707.

SPES UNA SALUTIS. (*La paix debout sur un monceau d'armes.*) — États de Bourgogne.

Jeton de 1645.

SPES USQUE, METUS UNQUAM. — Prévost d'Olbreuse. — Prévost de Gagemont, en Poitou.

Spiritus et cor. — Gohory de la Tour.

Splendor honoris, virtuti fidelitas. — Texier d'Hautefeuille.

Splendor magnus, maxima virtus. (*Une couronne delphinale.*) — Marie-Adélaïde de Savoie, Dauphine, auparavant duchesse de Bourgogne.

Jeton de 1712.

Spoliatis arma supersunt. — Catin de Flavignerot.

S. p. q. a. (*Senatus populusque Arelatensis.*) — Devise de la ville d'Arles.

S. p. q. f. (*Senatus populusque Florentinus.*) — Devise de Biliotti anciennement Vulpelli (italien).

S. p. q. r. (*Sacrum Populum Quis Redimet? Sapientia Patris Quæ Redemit.*) — Devise des neuf barons de Catalogne dont Gausserand de Pins fut un des neuf. « Les neuf barons de Catalogne adoptèrent des armes communes pour combattre les Maures. » (*Courcelles.*)

Stabit atque florebit. — Ginestons.

Stabunt me custode. — De Gombert, en Provence.

Stadium cum luce cucurrit. (*Un soleil couchant.*) — « Une des devises de François de Bonnes, connétable de Lesdiguières. » (*Le P. Anselme.*)

Stat baculus, vigilatque leo, turresque tuetur. — Devise de la ville d'Albi.

Stat fortis in arduis. — De Gras ou Gratz, en Dauphiné et Bretagne. (Porte un lion.)

Stat septem fulta columnis. — La ville de Dijon.

Jeton de 1681.

Stat sub honore aptus. — Devise de Tabourot, poëte et littérateur, procureur du roi à Dijon.

Jeton de 1585.

Stat tantis custodibus æquum. — Chassignet, à Besançon.

Jetons de 1648.

Stat, vigilat et lucet. — Devise de Henri-François Pontet, maître échevin de Metz, 1683.

Inscrite sur un jeton de cuivre à ses armes.

Stat virtus nixa fide. — Lesval.

Stella duce. — Pellicier de la Coste.

STELLA IN TEMPESTATE. — Martin, en Bretagne. (Porte une étoile, etc.)

STELLA REGENS PORTVSQVE NOVVS MEA GAUDIA. — M. Voysin, maître des requêtes, prévôt des marchands. (Pour armes, 3 étoiles, 2 et 1, et au centre un croissant les cornes en l'air.)

Jeton de 1663.

STELLA REGIT NAUTAS, DOMINI MANDATA MINISTROS. (*Vaisseau se guidant, la nuit, d'après la lumière d'une étoile.*) — Alphonse II d'Est, duc de Ferrare et de Chartres, mort en 1597.

Jeton du XVIe siècle.

STEMMATA NIL FACIUNT, SI DESIT VIRTUS. — Charlotte d'Amboise, mère de Nicolas de Bauffremont-Senecey, bailli de Châlons-sur-Saône.

Jeton de 1564.

STEMMATA QUID PROSUNT, SI NON VIRTUTE PARANTUR. — Chevalier Prifling de Ritterfelden.

STERNIT ET PARCIT. (*Un lion ayant un tigre renversé sous lui.*) — « Une des devises de Henri IV, pour montrer qu'il s'est contenté d'abattre le parti liguеur, sans perdre entièrement les chefs. » (*Le P. Anselme.*)

STETIT UNDA FLUENS. — De Maillé, en Touraine et Bretagne.

STIMULANT UT SEMPER ADORES. — De Neuchèses, évêque de Châlons-sur-Saône. (Porte des molettes d'éperon.)

Jeton de 1643.

STIMULIS AGITABIT AMARIS. — Des Aimars.

STIMULO DEDIT ÆMULA VIRTUS. — Lobineau, en Bretagne. (Porte des molettes d'éperon.)

STRAVIT, STATISQUE PEPERCIT. — H. de la Croix, maire de Dijon.

Jeton de 1660.

STULTORUM NUMERUS EST INFINITUS. — Devise de la Mère-Folle de Dijon, inscrite sur le sceau d'une société de joyeux et bons esprits qui sous ce nom, ou sous celui d'*Infanterie Dijonnaise*, existait dans les États de Philippe le Long, avant 1454.

SUA CUIQUE MINISTRO. (*La Justice.*)

Jetons de la ville de Bourges, XVIe *siècle.*

SVA STANS MOLE REFVLGET. (*Une tour au milieu des flots.*) — Frédéric-Maurice de la Tour d'Auvergne, duc de Bouillon.

Jeton de 1655.

SUAVIS ET VIGIL. — Perdriel. (Normandie.)

Suaviter et fortiter. — Berard.

Suaviter in modo, fortiter in re. — Comte de Mülinen.

Suaviter sed fortiter. — Odebert.

Sub alis tuis. — De Montmollin.

Sub cruce candida. — Perceval. (Grande-Bretagne.)

Subditis clemens. (*Lion couronné.*) — Joseph-Clément de Bavière, archevêque de Cologne.

Sur un jeton de cuivre de 1714.

Subjectis ira pepercit. (*Lion et jeunes chiens.*) — Philippe, duc d'Anjou, puis d'Orléans.

Jeton de 1649.

Sublimi feriam sidera vertice. — De la Roche-la-Carelle, etc., en Beaujolais et Bourgogne.

Submissa corona coronæ. — Anne de Levi-Vantadour, archevêque de Bourges.

Jeton de 1651.

Sub pennis ejus sperabo. — Commiers.

Sub umbra alarum. — De Kahle.

Sub umbra alarum tuarum. — Comte de Pilati.

Sub umbra alarum tuarum protege me. — Marguerite d'Autriche, femme de Philibert de Savoie.

Jeton de 1519.

Sub umbra alarum tuarum protege me, domine. — Laverne, maire de Dijon. (Porte des ailes.)

Jetons de 1590 et 1591.

Sub umbra alarum tuarum protege nos. (*Deux ailes liées.*) — Louise de Savoie, duchesse d'Angoulême, mère de François Ier.

Jeton.

Sub umbra solis nascitur virtus. — Ricouard, en Brie et Bretagne. (Porte un lion et une ombre de soleil.)

Subvenite oppresso. — Montholon.

Succurrit officiosa suis. (*Un pélican.*) — Chambre des francs-fiefs de Bourgogne.

Jeton de 1676.

Suis tuta columnis. — La ville de Besançon. (A pour armes une aigle tenant dans ses serres les colonnes d'Hercule.)

Jeton de 1667.

SUIVANT LA VÉRITÉ. — Le comte de Portsmouth, en Angleterre.

SUIVANT SA VOYE. — Les ducs de Nemours, de la maison de Savoie, par allusion à ce dernier nom.

SUIVEZ-MOI. — Baronnet Borough, en Angleterre.

SUIVEZ RAISON. — Les Browne dont le comte Altamont, en Irlande. — Le baron Kilmaine, en Irlande. — Le vicomte Montagne, en Angleterre.

SUMMA IMPERII APUD BITURIGES. — La ville de Bourges.

Nombreux jetons des XVIe *et* XVIIe *siècles.*

SUNT ETIAM PRÆMIA LAUDI. — Beufrier.

SUNT GLORIÆ STIMULI. — Du Fourc de Laneau.

SUNT MIHI IN CUSTODIAM. — Foudras.

SUNT PERICULA LUDUS. (*Une mer agitée sur laquelle est un navire au milieu de la tempête, autour duquel trois dauphins paraissent jouer.*) — Devise des gendarmes et chevau-légers-Dauphins : deux compagnies créées l'une en 1666, l'autre en 1663.

Superat candore et odore. (*Une fleur de lis haut élevée sur sa tige, sortant d'un buisson d'épines.*) — Deuxième devise de Charles de Bourbon, cardinal III.

Superbia immanes. — Ruppierre.

Supereminet charitas. — L'abbaye royale d'Aiguevives, en Touraine. (Porte dans ses armes un cœur percé d'une flèche.)

Superis victoria faustis. — Budes de Guébriant, etc., en Bretagne.

Sureté et confiance. — Vignod.

Sur-le-champ. — De Trolong, en Bretagne.

Sur ma vie. — Barbier, en Bretagne.

Sur mon honneur. — De Kerhoënt, en Bretagne, seigneurs de Montoire, en Vendômois, etc.

Sursum. — Garagnol.

Sur terre et sur mer. — De Portzmoguer, en Bretagne.

Sur toutes. — Sassenayes. (Dauphiné.)

Susceptum perfice munus. — Le Clerc de Franconville.

Suscipere et finire. — Le royaume de Hanovre.

Sustentant lilia turres. — Les Simiane en Provence et Dauphiné, qui ont des lis et des tours dans leurs armoiries.

Sustinent imperium virtus et lancea. — Aubery.

Sustinent lilia turres. — Devise de la ville de la Tours. — Simiane.

T

Tache sans tache. — Le comte Northesk, en Ecosse.

Taillefer. — De Taillefer, en Bretagne.

Talbia. — De Bois-Eon, en Bretagne.

Tales tulit ille coronas. (*Saint-Étienne.*) — Revers du jeton de Fremiot, archevêque de Bourges, 1620.

Tali fulcimine crescet. — Devise de la ville d'Elbeuf, en 1588. « Cette légende indiquait que la ville d'Elbeuf, qui, soutenue par la puissante maison de Lorraine, venait d'être décorée en 1581 du titre de duché-pairie, ne pouvait manquer, avec un tel appui, de voir, de jour en jour, sa fabrique prospérer et enrichir. » (*Guilmeth*, *Histoire d'Elbeuf*.) (Voy. *Tout le monde*, etc.)

TALI FULCIMINE CRESCIT. (*Cep de vigne entourant une croix de Lorraine.*) — Manufacture d'Elbeuf, sous Louis XV.

Jeton.

TAM FORTIS QUAM NOBILIS. — Biotière.

TAM INTUS QUAM FORIS. — Comte de Puppi.

TANDEM FLAVESCENT. — Blanot.

TANDEM OPPRESSA RESURGET. (*Palmier dont les rameaux sont courbés par le vent.*) — États de Bourgogne.

Jeton de 1642.

TANDEM QUIESCO. — Dans un cartouche ovale, au centre duquel est un monogramme de deux M entrelacées en sens contraire.

Sur la couverture d'un livre (XVIIe *siècle*).

TANDEM TRIUMPHANS. — Charles-Édouard Stuart, petit-fils du roi Jacques II, et connu sous le nom de Prétendant. — Une croix rouge sur un fond blanc, avec la devise ci-dessus, se remarquait sur le drapeau que portait ce prince pendant son expédition. (1745-1746.)

TANT A SOUFFERT LA MARCHE. — De la Marche, en Franche-Comté.

TANT L VAUT. (*Tant elle vaut.*) — De Pot.

TANT QU'ELLE DURERA, JAMAIS.... — Huon, en Bretagne. (Porte des croisettes rangées en croix.)

TANT QU'IL LUIRA. — Des Alrics.

TANTUM VALET QUANTUM SONAT. — Vichy. (Bourgogne.)

TANT VAUT L'HOMME, TANT VAUT LA TERRE. — Chaben.

TEGIT, ET QUOS TANGIT INAURAT. (*La Toison d'or.*) — Jean Camusat, imprimeur, mort en 1639.

TEGIT NIDUM MAJORIBUS ALIS. — De Chambray. (Normandie.)

TEGIT VIRTUTE MINORES. (*Un pélican, qui verse son sang pour nourrir ses petits.*) — Marie de Médicis, reine de France.

TELA PRÆVISA MINUS NOCENT. — J. Prévôt, monnayer à Dijon.

Jeton de 1591.

TEL FIERT QUI NE TUE PAS. — Solara.

TELIS OPPONIT ACUMEN. — Ménardeau, en Bretagne. (Porte des têtes de licorne.)

TELLE EST LA VIE. — Prince de Poninski. (Porte une barque sur une mer agitée.)

TELLE EST MA FOY. — J. Perrot, maire de Dijon.

Jeton de 1606.

TELLUS RECEPIT ASTRIS. — De Lys, en Bretagne. (Porte des fleurs de lis.)

TEMPERA VELOCITATEM SEDENDO, TARDITATEM SURGENDO. (*Dans un temple distyle, femme assise tenant d'une main un limaçon, de l'autre un vol.*) — Jacques du Bellay, gouverneur d'Anjou, chevalier de Saint-Michel.

Jeton de 1573.

TEMPORA TEMPORE TEMPERA. — Chassebras. — Guillaume Ribier, président et lieutenant général au bailliage présidial de Blois, mort le 21 janvier 1663, à l'âge de quatre-vingt-cinq ans.

Sur une des solives du grand salon de sa maison de campagne.

Tempore et loco prælibatis. — Rabelais. (Voy. son autre devise au mot *Noli*, etc.)

Temporiser. — De Parscau, en Bretagne.

Tempus edax rerum. — Faux.

Tenax in sua fide. — Lambron de Lignim.

Tenax propositi. — Gibbes.

Tendit ad gloriam. — Fayolle la Tourne.

Tenez-le droit. — Baronnet Clifton, en Angleterre.

Tentata, sed incorrupta. (*Déesse Cybèle dans une enceinte fortifiée.*) — Siége de Cazal, en Piémont, par le maréchal de Toyras.

Monnaie obsidionale.

Tenui meditatur avena. — Avene.

Terret sed sanat. (*Une vipère.*) — « La vipère est devenue le symbole de la pharmacie à cause des puissants remèdes qu'on en tirait autrefois pour plusieurs sortes de maladies. L'aspect de ce reptile cause de la frayeur, mais il passait pour être salutaire dans beaucoup de cas. » (*Journ. de Trévoux.*)

Jeton frappé à l'occasion de la réception de M. Rouvière fils à la maîtrise d'apothicaire, 1707.

Terroris terror. (*Une cloche qui écarte*

la foudre.) — Gaucher de Châtillon. « Ce connétable repoussa les efforts du comte de Bar-le-Duc. » (*Le P. Anselme.*)

TERROR NOCENTIUM. — E. Humbert, maire de Dijon. (Porte deux lions.)

Jeton de 1628.

TE, SOLO SPLENDENTE, REFULGET. (*Le soleil éclairant la lune au milieu des nuages.*) — Gaston, duc d'Anjou, puis d'Orléans.

Jeton de 1622.

TE STANTE RESURGAM. (*Guerrier relevant une femme assise.*) — États de Bourgogne.

Jeton de 1651.

TE STANTE VIREBO. (*Une pyramide terminée par un croissant et environnée du haut en bas d'un lierre verdoyant.*) — Devise du cardinal de Lorraine, archevêque, duc de Reims. « Il fondait sa grandeur sur la prospérité de François II. » (*Le P. Anselme.*)

Sur un jeton et sur une des tours de l'église Saint-Nicolas, ou Niklasburg sur la Meurthe.

TE STANTE VIREBO. — Pinon, à Paris et en Bretagne. — Comte de Spreti.

TESTANTUR VICTORIÆ SIGNA. (*Bras armé tenant une palme, etc.*) — N. Henry, comte d'Altessan, bailli de Dauphiné.

Jeton de 1565.

TE TOTO ORBE SEQUEMUR. — En 1626, le prévôt des marchands donna pour armes aux merciers de Paris : de sinople à 3 nefs d'argent, aux bannières de France, posées 2 et 1 ; en chef un soleil d'or à huit raies, et la devise ci-dessus ; mais ils n'en conservèrent pas moins leur ancien blason, savoir : d'azur à l'image de Saint-Louis, en pied, au naturel.

TÉVEL HAG OBER. (*Se taire et agir.*) — De Kerret, en Bretagne.

THROUGH ! (*Cri.*) — Les Hamilton. (Grande-Bretagne.)

THUE RECHT UND SCHENE NIEMAND. — Baron de Pilgram.

TIBI MILITAT ÆTHER. (*Cavaliers combattant, l'un est frappé de la foudre.*) — Henri, duc d'Anjou.

Jeton de 1573.

TIENS TA FOY. — De la Ville-Ferolles, en Poitou et Bretagne.

TIEN TA FOY. — Le comte Bathurst, en Angleterre.

TOCQUOY SI GAUSES. (*Touches-y si tu l'oses.*) — Phœbus de Foix.

TOGA, RELIGIONE ET ARMIS. — Les frères Lyobard. — Claude, trésorier de l'ordre de Malte; George et René, seigneurs de Chastellard.

TOT ANNI QUOT ASTRA.— P. Comeau, maire de Dijon pour la troisième fois. (Porte trois comètes.)

Jeton de 1659.

TOTI NASCITUR ORBI. (*Le soleil levant.*) — La première femme de Philippe V.

Jeton de 1702.

TOT IN CORDE QUOT IN ARMIS. — D'Alman.

TÔT OU TARD VIENNE. — De Vienne.

TOTUM PRO DEO ET REGE. — Hédouville.

TOUJOURS. — Chissé.

TOUJOURS, A JAMAIS. — Huon, en Bretagne.

TOUJOURS DOUX. — La famille d'Adoue de Sailhas.

TOUJOURS EN BON LIEU. — De Charnage, en Franche-Comté.

TOUJOURS EN CROISSANT. — D'Aigremont, en Franche-Comté.

TOUJOURS EN RIS, JAMAIS EN PLEURS. — Henris ou Henry de la Motte, en Bretagne.

TOUJOURS FIDÈLE. — Baronnet Beauchamp Proctor, en Angleterre.

TOUJOURS FIDÈLE A L'HONNEUR. — Le maréchal Duhoux de Vioménil, pair de France.

TOUJOURS FORT. — Du Botdéru, en Bretagne.

TOUJOURS PREST. — Le marquis Antrim. — Le comte Clamwilliam, en Irlande. — Le comte Hyndford, en Écosse.

TOUJOURS PRÊT. — Ruolz. — Ruolz-Montchal. — Baronnets Sutton et Caermichel Smyth, en Angleterre.

TOUJOURS PREUD'HOMME. — Prud'homme d'Hailly de Nieupoort. — Prud'homme d'Hailly de Verguigneul. (Pays-Bas.)

TOUJOURS PROPICE. — Le vicomte Cremorne, en Irlande.

TOUJOURS RAISON. — Raison du Cleusiou, en Bretagne.

TOUJOURS SERAI. — Joly de Cintré.

TOUJOURS VERT DE MACET. — Macet.

Toulouse! toulouse! (*Cri*). — Simon de Montfort.

Tour a tour. — Audren de Kerdrel, en Bretagne. (Porte des tours.)

Tous dis en bien. — Marguerite d'Anjou, femme de Charles VII.

Jetons.

Tous teints de sang. — De Toustain, en Normandie et Bretagne.

Sur un ex libris *armorié.*

Tout a dieu et au roi, mon sang a la patrie. — Ferré de Peroux.

Tout ainsi font anges. — Fontanges.

Tout-a-l'heure. — Du Hamel. (Picardie.)

Tout a loisy. — Loysie.

Tout a souhait. — De Coetaudon, en Bretagne.

Tout a travers. — De la Forest de Divonne, en Savoie et Franche-Comté.

Tout au naturel. — Le Sparler, en Bretagne.

Tout bien a vienne. — Louis de Vienne, élu de la noblesse, en Bourgogne.

Jeton de 1722 et cachets de cette famille.

TOUT BIEN DU CHAMP. — Du Champ.

TOUT BIEN OU RIEN. — Noël ou Nouël, en Bretagne et en Angleterre. — Le comte Gainsborough. (Angleterre.)

TOUT DE PAR DIEU. — Bigot de Morogues, de la Touanne, etc., en Berry, Orléanais et Bretagne.

TOUT DROIT. — Du Motet.

TOUT DU TOUT. — De Trogoff, en Bretagne.

TOUT EN BIEN. — Corgemon.

TOUT EN CROISSANT. — De Kerengarz, en Bretagne. (Porte un croissant.)

TOUT EN L'HONNEUR DE DIEU. — De Kerouartz, en Bretagne.

TOUT EN OUTRE. — De Toutenoutre, en Bretagne.

TOUT EN PAIX. — De la Bouexière, en Bretagne.

TOUTES POUR UNE. — Claude de Lorraine, duc de Guise.

Jeton de 1513.

TOUT EST BEAU. — Du Parc de Locmaria.

TOUT EST BIEN. — Corgenou.

TOUT EST, ET N'EST RIEN. — Chalant.

TOUT FLOTTE. — De Flotte, en Provence et Bretagne. (Porte un vaisseau.)

TOUT JOUR. — Le comte Finlater, en Écosse.

TOUT LE MONDE Y TRAVAIL. — Autre devise de la ville d'Elbeuf, faisant allusion à la ruche de ses armes, et à ses nombreuses fabriques. — On prétend que cette devise est tirée de ces paroles qu'aurait prononcées le premier consul Bonaparte, le 3 novembre 1802, lorsqu'il visitait cette ville industrieuse : « *La ville d'Elbeuf est une ruche, tout le monde y travail.* » Cette attribution a été contestée. (Voir A. Canel, *Armorial des villes de Normandie.*)

TOUT M'EST DOULX. — Euterpe, la 8e muse. (XVe siècle.)

TOUT NET. — Savoye-Raconis.

TOUT OU RIEN. — Le Borgne. — Le Mintier, en Bretagne. (Porte une croix.) — La Mothe. — Meulh.

TOUT PAR AMOUR. — Comte de Lavaulx-Vrecourt.

TOUT PAR AMOUR ET RIEN PAR FORCE. — Bourgogne, maire de Nantes en 1637. (Porte un fermail ou gond de porte.)

TOUT PAR COMPTE, NOMBRE ET MESURE. — — La chambre des comptes de Blois.

Jeton de 1555.

TOUT PAR LABEUR. — Le comte de Bouillé, pair de France.

TOUT PASSE. — De Toutenoutre, en Bretagne. (Voy. *Tout en outre.*)

TOUT POUR DIEU. — De Kersaliou, en Bretagne. — De Sales.

TOUT POUR HONNEUR ET PAR HONNEUR. — Des Nos, en Bretagne.

TOUT POUR LA CHARITÉ. — Miorcec, en Bretagne.

TOUT POUR LA PATRIE. — Sulkowsky. (Pologne.)

TOUT POUR LE MIEUX. — De Kermenguy, en Bretagne.

TOUT POUR L'HONNEUR. — La Barre de Flandre. (Pays-Bas.)

TOUT SANS CONTRAINTE. — Cordou.

Tout se passe ferry. — Devise qui se lit en lettres d'or sur la couverture d'un livre, au-dessous de laquelle est la date de 1572.

Tout un. — De Rieux, en Bretagne et Normandie. — Jean, seigneur de Rieux, maréchal de France, mort en 1417.

Tout vient a point. — Blanc.

Tout vient a point a qui sait attendre. — Villèle.

Tout vient de dieu. — De Trefusis (baron Clinton), en Angleterre. — De Kermeidic, en Bretagne.

Transfixus, sed non mortuus. — Walsh, en Irlande et en France. (A pour cimier un cygne percé d'une flèche.)

Travw. gott. thve. recht. schev. niemand. (*Aie confiance en Dieu, agis bien, ne crains personne.*) — Devise, de Guillaume duc de Saxe, de Juliers, de Clèves et de Berg, en 1623.

Au revers d'une médaille ovale en or, de la collection de Bruge-Dumesnil.

Tres in uno. — Devise de l'ordre du Bain, en Angleterre, qui doit tout son lustre à Henri de Lancastre IV.

Trésor. — De Guengat, en Bretagne.

Tria juncta in uno. — Baron de Freemantle.

Trina unitas utrique veneranda. — De Coetrieux, en Bretagne. (Porte des feuilles de trèfle.) « La feuille de trèfle servit à saint Patrick pour démontrer aux Irlandais idolâtres la trinité et l'unité de Dieu. » (*A. Duleau.*)

Triplici fluit utilis ore. (*Une fontaine.*) — G.-F. Poulain de la Guerche, maire d'Angers.

Jeton de 1737.

Triumphali et stipite surgit. (*Un grand arbre et un petit à côté.*) — Devise de l'étendard des gendarmes de Bourgogne, créés en 1690 pour M. le duc de Bourgogne.

Tua munera jacto. — Devise du duc de Vivonne.

Tu dispone. — De Crec'hquérault, en Bretagne.

Tu, domine, gloria mea. — Leicester, en Grande-Bretagne.

Tuetur et ornat. — De Peyrol.

TUIS CRESCIT DEVOTA TRIUMPHIS. — Gaston, duc d'Anjou, puis d'Orléans.

Jeton de 1625.

TUNC SATIABOR. — Vignier de Ricey. — Robert Braque. — Berbisey, maire de Dijon. (Porte une brebis paissante.)

Jeton de 1553.

TU NE CEDE MALIS, SED CONTRA ADVENTIOR ITO. — Champier.

TUO SINE LUMINE NULLUS. (*Un cadran solaire éclairé par le soleil.*) — Gaston, duc d'Anjou et d'Orléans.

Jeton de 1649.

TURBANT, SED EXTOLLUNT. (*Vents soufflant sur la mer et un vaisseau.*) — F. Moreau, maire de Dijon.

Jeton de 1637.

TURBANT SED EXTOLLUNT. — Aymon de Grolée.

TURRIS FORTIS MIHI DEUS. — Comte O'Kelly, originaire d'Irlande, en Allemagne et France.

TURRIS FORTISSIMA VIRTUS. — De Fortia d'Urban, en Bretagne et Comtat-Venaissin. (Porte une tour.)

TURRIS FORTITUDO MEA. — Le marquis de la Tour du Pin, pair de France.

TURRIS MEA DEUS. — Laurent Prunier, sieur de Saint-André, président au parlement de Grenoble. (Porte une tour.)

Jeton du XVIIe siècle.

TUTAMEN UTROBIQUE. — Gruel, en Bretagne.

TUTAM ET LITTORE SISTAM. — P. Guillaume, maire de Dijon.

Jeton de 1663.

TUTA SALO AC CŒLO. (*Un dauphin s'enroule autour de l'ancre d'un navire.*) — États de Bourgogne.

Jeton de 1602.

TU TIBI SIS IPSE FORTUNA. — Le Clerc de Franconville. (Voy. *Susceptum perfice*, etc.)

TUTISSIMA LORICA VIRTUS. — Guesnet.

TUTO TE LITTORE SISTAM. (*Un vaisseau sur la poupe duquel sont les armes de Dijon.*) — Fr. Baudot, maire de Dijon.

Jeton de 1691.

TUTUS HÆC ANCHORA PORTUS. — Varin de Fontain, à Besançon.

Jeton de 1671.

TUTUS MAGO. — Magon, en Bretagne.

TUTUS SUB RAMIS. — Fresnais, en Bretagne. (Porte des rameaux de frêne.)

TUUS AD TE NOS VOCAT ARDOR. — Devise de l'étendard des gendarmes anglais, compagnie créée en 1667 par Louis XIV.

TU VIENDRAS A BIEN. — Du Chastel, en Bretagne.

U

UBI CRUX, IBI PATRIA. — Baudouin, en Bretagne. (Porte une croix.)

UBI OCULUS, IBI AMOR. — Lorenchet, maire de Beaune. (Porte un chat.)

Jeton de 1670.

UBIQUE CONSTANS. — Constant, à Orléans. (Porte un rocher battu par les flots.)

Épitaphe du XVIIe siècle.

UBI VULT, SPIRAT. (*Le Saint-Esprit.*) — Jean Jost, libraire, mort en 1652.

ULTERIUS ARDET. — Colas des Francs, à Orléans. (Porte un sanglier.)

ULTUS AVOS TROJÆ.—Devise accompagnant le porc-épic de Louis XII, roi de France. « Pour signifier qu'il avait remporté la victoire à la bataille de Ravenne, et vengé les torts faits aux Français en Italie ; car notre nation a vainement pensé, autrefois, qu'elle était descendue des Troyens. » (*Léopold Collin.*)

UNA FUGATIS HOSTIBUS INSIGNIS. (*Lionne mettant des soldats en fuite.*)—Levée du siége de Saint-Jean-de-Losne par Galas ou Jean de Werth. — États de Bourgogne.

Jeton de 1636.

UN CONSEIL EST BON EN TOUT TEMPS. — Alleno, en Bretagne.

UNDEQUAQUE INSPICIENDUM. — De la Rivière, en Bretagne.

UN DIEU, UN MAÎTRE. — Baron de Pöllnitz de Frankenberg.

UN DIEU, UN ROY. — Le baron Coniers, en Angleterre.

UN DIEU, UN ROY, UN CŒUR. — Baronnet Lake, en Angleterre.

UNDIQUE FRUSTRA. (*Pyramide battue des flots et des vents, au milieu de la mer.*) — Devise de Guillaume V, marquis de Montferrat.

UNDIQUE ROBUR. — Devise de la ville de Sedan.

UNDIQUE SECUNDIS FLATIBUS. (*Lis héraldique sur une montagne, entouré de vents.*)

Jetons de Louis XIII.

UNDIQUE SOLEM. — Devise de Bernard de Pellard, baron de Givry, maître échevin de Metz, 1677.

Jeton armorié.

UNDIQUE TERROR. — Guise.

UNDIQUE TERROR, UNDIQUE LETHUM. — Le marquis de la Rochejacquelein, pair de France.

UNE FOIS, FALLETANS. — De Falletans, en Franche-Comté.

UNE FOY, UNE LOY, UN DIEU, UN ROI. — Seymandy ou Seimandi de Saint-Gervais.

UNE FOY, UN ROY, UNE LOY. — Du Bourg d'Auffey.

UNE LOI FIDÈLE VEUX. — De Villeneuve-Burlet.

UNE SUR TOUTES. — Autre devise de Sassenage, en Dauphiné. (Voy. *Sur toutes*, etc.)

UNG DIEU ET UNG ROI. — Littelton (baron de Littelton), en Grande-Bretagne.

UNG DIEU, UNE LOY, UNE FOY. — Nicole Gilles.

UNG DIEU, UNG ROY, UNE LOY. — Devise de la ville de Lyon.

UNG DURANT MA VIE. — Baronnet Barrington, en Angleterre.

UNG JE SERVIRAY.—Le comte de Pembroke (Herbert). — Le baron Porchester, en Angleterre.

UNG SERVIR. — Paul Gaultier de Giranton du Castelat. (Provence.)

Jeton de 1588.

UNG TOUT SEUL. — Le comte Verney, en Irlande.

UNGUIBUS ET ROSTRO. — Devise de la ville d'Avignon. — Montmayeur.

UNGUIBUS ET ROSTRO ARMATUS IN HOSTEM.— Ranchicourt.

UNGUIBUS ET ROSTRO FIDELIS. — Aubier de Monteilhe.

UNGUIBUS NEC ROSTRO, SED ALIS. — Gouay.

UNICA SEMPER AVIS. (*Phénix perché sur un bûcher ardent.*) — Devise de la reine Éléonore d'Autriche, deuxième femme de François Ier; « voulant montrer que sa vertu ne dégénérait en rien de ses aïeux. » (*Le P. Anselme.*)

UNI DISCORDIA CONCORS VOCE DEUM. — Pierre Tixerant, maire de Beaune.

Jeton de 1673.

UNI FIRMIOR EST ACIES, AMOR OMNIBUS IDEM. (*Aigle et aiglons, sur un rocher, fixant le soleil.*) — États de Bourgogne.

Jeton de 1671.

UNIMENT. — De Gouzabatz, en Bretagne.

UNI MILITAT ASTRO. — Aumont (duc de Villequier).

UNION MAINTIENT. — La famille d'Abon.

UNIS POUR JAMAIS. — Devise qui se lit sur la couverture d'un livre d'une reliure élégante. Sans doute un livre de mariage.

UN JOUR L'AURAS. — Loras.

ULTRA NON MIRO. — De Vivonne.

UNITAS. — Prince de la Leyen.

UNIT DUO MARGARIS UNA. (*Deux cœurs réunis par une cordelière et un diamant.*) — Henri de Lorraine, duc de Bar, et Marie de Gonzague-Nevers.

Jeton de 1606.

UN M'EST TOUT. — Devise qui se lisait sur la couverture d'un livre, dont la reliure à compartiments (XVIe siècle) était ornée d'un chiffre composé des lettres A. C. P.

UNO AVULSO, NON DEFICIT ALTER. — De Rosmadec, en Bretagne.

UNO AWLSO NON DEFICIT ALTER. — Devise particulière de M. Wilson de la Colombière, car il en avait une autre « *In utrumque paratus* », qui était celle de sa famille.

UNO QUOT DONA SINU. (*Une grenade entr'ouverte, et dont on voit les nombreux pepins.*) — La Grande Dauphine, Anne-Marie-Christine.

Jeton de 1685.

UNQUAM TE CONTAMINA. — Contamine.

UN ROY, UNE FOY, UNE LOY. — Le marquis de Clanricarde, en Irlande.

UNUS CUNCTA MIHI. — Pierre de Breauté.

UNUS NON SUFFICIT ORBIS. (*Deux globes, surmontés de la couronne royale, l'un céleste, l'autre terrestre, séparés par une épée nue pointée vers le ciel.*) — François, Dauphin, roi d'Écosse, depuis François II, roi de France; « voulant montrer par cette devise qu'un monde ne suffisait pas à son courage. » (*Le P. Anselme.*)

Plusieurs jetons.

VRBI ET ORBI SALVS. — La faculté de médecine de Paris.

Jetons.

URBI NON SUFFICIT ORBIS. — La ville de Châlons-sur-Saône. (Porte trois cercles ou orbes.)

URBIS STEMMATA DIVÆ. — La ville de Dijon.

Jetons de 1581 et 1584.

URBS REGULA DUCATUS AQUITANIÆ. — Devise de la ville de la Réole.

URBS SARRABURGIENSIS CUM IPSIS HOSTEM REPULIT ET REPELLIT. — Devise de la ville de Sarrebourg.

URGENT STIMULI. — Cariou, en Bretagne. (Porte des molettes.)

Urget juventas et patrius vigor. (*Un lion.*) — Philippe V, roi d'Espagne.

Jeton de 1702.

Usque ad aras. — De Marc'hallac'h, en Bretagne.

Usque ad fines. — Colonna-Walewski. (Ile de France.)

Usque ad metam. — Rasoir.

Usque ad mortem fidelis. — De Saint-Gresse, en Languedoc.

Usque ardent fixa nec errant. — Hardouin de Perefixe de Beaumont.

Usquequo? (*Femme debout, tenant à la main une branche de lis, et regardant une gloire qui brille au milieu des nuages.*) — Louis XIII, alors Dauphin.

Jeton de 1610.

Usquequò? — Lucinge.

Usque tenax recti. — Sainte-Maure-Montausier.

Ut cœteras dirigat. — « En 1629 la draperie avoit perdu le souvenir de ses armoiries, ou voulut en changer, car elle en demanda de nouvelles au prevôt. Ce dernier lui donna pour armes : coupé ondulé d'argent et de sinople; sur le sinople un vaisseau construit et mâté d'or; sur l'argent voilé et pavillonné d'azur, les pavillons chargés de France; en chef un œil ouvert au naturel, avec la devise ci-dessus. » (*Vallet de Viriville.*)

Utcunque ceciderit, consistam. (*Un cube.*) — Le cardinal de Pellevé, mort en 1594.

Jeton.

Ut ditet spoliat. (*L'Amour déshabillant une femme, à laquelle il offre de riches vêtements.*) — États de Bourgogne.

Jeton de 1665.

Ut fata trahunt. — Pechpeyrou. — Guitaud-Comminges.

Ut homo direxit, ut simia dilexit. (*Une guenon.*) — Laverne, maire d'Auxonne.

Jeton de 1617.

Utile dulci. (*Une ruche.*) — Académie royale des sciences et arts de Bordeaux. — Société d'agriculture, sciences, arts et belles-lettres de l'Eure.

Sceau. — Jeton.

Utimur. — D'Avaugour, en Bretagne.

UTINAM! — De Gros. — De Kerguern ou Kerguer-Mendu, en Bretagne.

UTINAM DIRIGANTUR VIÆ MEÆ AD CUSTODIENDAS INSTITUTIONES TUAS! — Devise du pape Pie V.

UT INTER SPIRITUS SACROS ORA VIATOR. — Melun.

UT MORUS. — Trinquère.

UT NEQUEANT CONTRA DURARE FEROCES. (*Trois flèches et un arc.*) — Henri, Dauphin et duc de Bretagne, depuis Henri II.

Jeton.

UT PALMA FLOREBIT. — Paul.

UT PROSINT ALIIS. — De Thou.

UTRIMQUE LIBERA. (*L'écusson de Besançon tenu par un lion, attaqué par une aigle.*) — La ville de Besançon.

Médaille de 1665.

UTROQUE AB LITTORE. (*La Victoire debout entre deux dauphins.*) — Philippe IV, roi d'Espagne, pour la prise de Dunkerque et de Barcelone.

Jeton de 1653.

UTROQUE LUMINE VALET. — Le Borgne, en Bretagne.

Ut sors volet, tamen stabo. (*Un dé à jouer.*) — Le maréchal de Bourdillon de la Platière, lieutenant général pour le roi de France en Piémont.

Deux jetons du XVI*e siècle.*

Ut te soli explicit uni. — De Louvois (le ministre).

V

Vade, in hoc signo vinces. — Légende inscrite sur une bannière envoyée par le pape au roi de France, en 1516, au sujet d'une croisade projetée.

Va ferme a l'assault, Buigny, a la prise ! (*Cri de guerre.*) — Buigny de Bailly.

Va ferme a l'assaut, Quirit, a la prise ! (*Cri de guerre.*) — Quirit.

Vaillance ! (*Cri.*) — Duc de Blacas-d'Aulps, en France et Allemagne.

Vaillance du Chastel. (*Adage.*) — Du Chastel, en Bretagne.

VAILLANT SUR LA CRÊTE. — Créton d'Estourmel. Et pour cri, *Creton!*

VAINCRE OU MOURIR! — Comte de Neale. — Du Parc de Locmaria, en Bretagne. — — Boreel de Mauregnault. (Pays-Bas.)

VALE ME DIOS. — La Rochelambert.

VALEUR ET DROITURE. — Calf de Noidans. (Pays-Bas.)

VALORE ET PRUDENTIA FORTIOR. — Ravel.

VALORE ET VIRTUTE. — La Roche-Fermoi.

VA OULTRE. — De Villiers de l'Isle-Adam, à Paris et en Bretagne.

VAR AN TRÉ HA VAR AL LANO, CASTELFUR EO VA HANO. (*Au jusant comme au flux, Chateaufur est mon nom.*) — De Chateaufur, en Bretagne.

VAR VA BUEZ. (*Sur ma vie.*) — Barbier, en Bretagne.

VAR VOR HA ZAR ZOUAR. (*Sur terre et sur mer.*) — De Portzmoguer, en Bretagne.

VEILLIENT ET VAILLANT. — Baronnet Erskine, en Angleterre.

VELIS QUOD PROSIS. — De Sayve.

VELOCITATE PALMAM. (*Un cheval barbe courant.*) — Les *Erranti* de Bresce.

VENDÉE, BORDEAUX, VENDÉE. — Le marquis de la Rochejacquelein, pair de France ; devise donnée par Louis XVIII.

Cachets, etc.

VENDEUL AU CONTE DE VERMENDOIS ! (*Cri.*) — Le comte de Vermandois.

VENI, VIDI, DEUS VICIT. — L'empereur Charles-Quint.

Jetons.

VERBIS GESTA PRÆVENIANT. — Harcourt, en Normandie.

VERBUM CRUCIS, DEI VIRTUS. — Graveran, évêque de Quimper et de Léon en 1840. (Porte une croix.)

VERBUM DEI IN ÆTERNUM. (*La Bible d'or.*) — Jean Branchu, imprimeur, mort en 1644.

VERITAS ET JUS. — Parisch, baron de Senftemberg.

VERITAS VINCIT. — De Requena.

VERITAS VISU ET MORA. (*Au milieu d'une gloire, colonne supportant un livre ouvert.*) — Charles de Lorraine, duc de Guise.

Jeton de 1600.

VÉRITÉ ET JUSTICE. — Danes.

VÉRITÉ SANS PEUR. — Le baron Middleton (Willoughby), en Angleterre.

VERNON SEMPER VIRET, OU VER NON, etc. — Le baron Vernon, en Angleterre. (Devise citée par Walter Scott.)

VERNON SEMPER VIRET. — Devise de la ville de Vernon-sur-Seine. (Porte trois bottes de cresson.)

VERNUM TEMPUS. — De la Verne.

VERT EN TOUT TEMPS. — De Kerguelen, en Bretagne.

VERT ET MUR. — De Saurin.

VERTU A L'HONNEUR GUIDE. — La famille de Baronat.

VERTU ET FORTUNE. — De Poligny.

VERUM ATQUE DECENS. — De Lée.

VESTIGIA MAGNA SEQUETUR. (*Un lion passant, en posture arrêtée, montrant la face en plein.*) — Devise de l'étendard des gendarmes de Berry, compagnie créée en 1690.

VEXILLA FLORENT. — Le Bihan, en Bretagne.

VEXILLUM REGIS. — De la Bouëxière ou Boëssière, en Bretagne.

VIAMQUE AFFECTAT OLYMPO. — « M. Chapelain, de l'Académie française, avait pris pour devise un oiseau qui s'élance vers le ciel avec ces mots de Virgile. » (*Le P. Ménestrier.*)

VIAS TUAS, DOMINE, DEMONSTRA MICHI. (*Un pèlerin marchant pendant la nuit.*) — L'hôtel des Monnaies de Châlons-sur-Marne.

Jeton du XVIe siècle.

VIAS TUAS DOMINE, DEMONSTRA MIHI. — De Vias.

VICISSIM SERVARE FIDEM. — Charles de Bentivoglio.

VICIT AMOR PATRIÆ. — Fr. Maleteste, maire de Dijon.

Jeton de 1652.

VICIT ITER DURUM PIETAS. — Le duc d'Avaray (Bésiade), pair de France. — Devise donnée par Louis XVIII au comte d'Avaray, compagnon de sa sortie de France en 1791.

VICIT LEO. — Laugier de Beaurecueil. — De Puy-Montbrun.

VICIT UT DAVID, ÆDIFICAT UT SALOMON. —

« Devise qui se lit sur une médaille d'argent à l'effigie de Louis XIII, une des quatre médailles placées aux angles de la pierre de fondation de la grande église que ce monarque fit construire dans le nouveau terrain de la maison des Jésuites de Paris. « (*Piganiol de la Force, Descrip. hist. de Paris.*)

VICI VICTURUS VIVO. — Turpin de Crissé. — Pierre Turpin, évêque d'Évreux (1470-1473).

VICTOR DEFFEND VERAVOMENT MARSEILLE ET LES CIOUTADANS. — La ville de Marseille, d'après un sceau de 1257.

VICTORIA ! (*Cri.*) — De Rabier.

VICTORIA PACIFERA. (*La Victoire, marchant, tenant une branche d'olivier.*) — Louis XIV, pour la bataille des Dunes, près Dunkerque, en 1658.

Jeton.

VICTORI ET JUSTO. — L'ordinaire des guerres.

Jeton de 1641.

VICTORI GLORIA MERCES. — « Devise des La Viefville, originaires des Pays-Bas, dont les uns se sont établis dans l'Artois et les autres dans la Picardie. — Cette devise, sans doute en mémoire des trois annelets de Jean de La Viefville, II du nom, conquis au tournois de Montmartre fait par ordre de Robert le Pieux, et que ce prince voulut qu'il portât depuis sur les deux premières fasces de ses armes. » (*Étrennes à la Noblesse.*)

VICTORIS CLEMENTIA. — Louis XIV, pour la prise de Condé.

Jetons et médailles.

VICTORIS SPOLIUM. (*La Toison d'or attachée à un arbre, le Dragon s'enfuit.*)—Louis XIV, prise de Dôle.

Jeton de 1674.

VICTRICIA SIGNA SECUTUS. — La Croix-Chevrières et la Croix-de-Sayve.

VICTRICI FIDEI. (*Sur un autel, une foi entre deux palmes, et une croix entourée d'une couronne royale.*) — États de Bourgogne.

Jeton de 1591.

VICTRIX CASTA FIDES. — « Devise de Laure, maîtresse de Pétrarque, inscrite autour d'un écusson, chargé de deux reinceaux de lauriers traversans, une croisette sur le tout, ensemble une rose en chef. » (*Paradin.*) — Bienville.

Chez les cordeliers d'Avignon.

VICTRIX FORTUNÆ PATIENTIA.— Louis Guillart d'Espichellière, évêque de Chartres et de Tournai.

Jeton du XVIe *siècle.*

VICTRIX INNOCENTIA. — Du Refuge.

VICTRIX PER ARDUA VIRTUS. — Perard de Vaivre.

VIDE ET FIDE. — Henri IV.

VIDE NE CRUCEM CALCAS. — Jean II d'Anjou, duc de Lorraine et de Bar (vers 1460).

Jeton.

VIDEO NEC INVIDEO. — Devise du romancier Eugène de Beauvoir.

VIENNA CIVITAS SANCTA. — Devise de la ville de Vienne. (Dauphiné.)

VI ET VIRTUTE. — Devise du pape Léon X.

VIGENT FIDE. (*Hommes déchargeant les marchandises d'un vaisseau.*) — Chambre de commerce de Bayonne.

Jetons de Louis XV, Louis XVIII, Charles X.

VIGET CONCORDIA PATRUM. — Du Port, président à mortier au parlement de Dijon.

Jeton d XVIIIe *siècle.*

VIGILANT, ET TUTA QUIES. — P. Gillet, maire de Beaune.

Jeton de 1719.

VIGILANTIA. — Gruel. — Vogué de Montlor.

VIGILANTIA, LABORE ET FORTUNA. — Baron de Geramb.

VIGILES. — Devise de l'ordre du Chien et du Coq qu'on prétend avoir été institué par un seigneur de Montmorency. — « Le collier était composé d'une chaîne d'or faite en façon de tête de cerf, à laquelle pendait une médaille portant l'effigie d'un chien et d'un coq, avec cette devise ci-dessus. » (*De Laigue.*)

VIGIL ET ALACER. — De Poulhariez.

VIGIL ET AUDAX. — Eon de Beaumont. — De Chastenay. (Bourgogne.)

VIGOR IN VIRTUTE. — Déan-Luigné.

VIGUEUR DE DESSUS. — Le comte Inchiquin, en Irlande. — O'Brien, en Irlande et en Bretagne. (Porte des léopards.)

VILIA NE LEGAS. — Villegas de Clercamp.

VIM FIRMITATE REPELLO. — Murat de l'Estang.

VIMINE JUNGOR LILIIS TENACI. — La ville d'Amiens. (Porte des branches de lierre.)

Jetons.

VIM UTRAQUE REPELLO. — Murat.

VINCENDUM AUT MORIENDUM. — De Gastinaire, en Piémont, Franche-Comté et Bretagne. (Porte des os de mort.)

VINCENTI DEDI PALMAM. — Le Vaillant de Charny en Normandie. (Porte d'azur au bras dextre armé d'une épée d'or.)

VINCERE GIGANTES. — Gantès, en Provence.

VINCE TE IPSUM. — .... abbé d'Anchin.

Jeton de 1612.

VINCIT LEO DE TRIBU JUDA. — Gayardon.

VINCIT PRUDENTIA VIRES. (*La Prudence.*) — Joseph Cottereau, imprimeur, mort en 1652.

VINCO DULCEDINE ROBUR. — Eme de Saint-Jullien.

VINGT-SIX DÉCEMBRE MIL SEPT CENT QUATRE-VINGT-DOUZE. — De Sèze, avocat, défenseur de Louis XVI.

VIOLENTI RAPIUNT ILLUD. — Devise de Claude de Saintes, évêque d'Évreux, 1575.

VIR AMATOR CIVITATIS. — Benoît, seigneur de la Grandière, maire de Tours, en 1780.

VIRES AGMINIS UNUS HABET. (*Un porc-épic.*) — « Une des devises du chevalier Bayard qui, seul, empêcha 200 Espagnols de passer un pont. » (*Le P. Anselme.*)

VIRESCIT VIRTUS ET SINE FINE. — Virot.

VIRESCIT VULNERE VIRTUS. (*Un cep de vigne ayant d'un côté ses fruits avec ses feuilles, et de l'autre comme s'il était à sec et stérile; puis un bras sortant d'un nuage en action de couper un surgeon desséché.*) — Devise de Marie Stuart, reine de France et d'Écosse, femme de François II. « Ce qu'on peut interpréter, que la vertu de cette princesse prit force et vigueur dans le malheur des adversitez. » (*Le P. Anselme.*)

VIRESCIT VULNERE VIRTUS. (*Un homme qui foule aux pieds une plante d'oseille.*) — « Le cardinal Du Prat, qui gouvernait l'État sous François Ier. » (*Le P. Anselme.*)

VIRES DULCEDINE VINCO. — Eme de Saint-Jullien et De Framont. (Voy. *Vinco dulcedine.*)

VIRET ADVERSANTIBUS CURIS. — Jean de Guymard, maire d'Angoulême, en 1651.

VIRTUS ADDIT ALAS. — Foyal.

VIRTUS ALTA PETIT. — Baron de Scheibler.

VIRTUS ARIETE FORTIOR. — Bertie.

VIRTUS CŒLI GRADUS. — Michallon.

VIRTUS DEDIT, MORS NEGAVIT. — Sébastien de Rosmadec.

VIRTUS ET HONOR. — Cabiron. — De Melun, en Gâtinais, etc. — De Melignan de Trignan. — Leigonye de Rangouge.

VIRTUS ET NOBILITAS. — De Framecourt.

VIRTUS ET UMBRA. — De Rouvrois.

VIRTUS IN ARDUIS. — Gamon.

VIRTUS IN HÆREDES. — Du Pouget de Nadaillac, en Quercy, Périgord, etc.

VIRTUS, LABOR ET FATA. — Jean Chastellier, trésorier de France, général de Piémont et Savoie.

Jeton de 1558.

VIRTUS MIHI NUMEN ET ENSIS. — De Chanlecy.

VIRTUS MOX NUBILA PELLET. (*Le Soleil entouré de nuages.*) — Jacques III, roi d'Angleterre, réfugié à Saint-Germain.

Jeton de 1704.

Virtus nobilitat. — Baron Hopfer de Schott.

Virtus non vestitur. — De Sarsfield, en Irlande et Bretagne. (Porte une main.)

Virtus omnia domet. — Domet de Mont, en Franche-Comté.

Virtus omni obice major. — Audiffret de Venasque.

Virtus præstat, vivit post funera virtus. — Devise de la ville de Vertus, en Champagne.

Virtus sibi sola sufficit. — De Keralio, en Bretagne. (Porte un léopard.)

Virtus sola aciem effundit vitam. (*Le Temps.*) — Regnault-Chaudière, imprimeur du xvie siècle, mort en 1568.

Virtus sola nobilitat. — Baron de Scholl.

Virtus unita. — Le Gac, en Bretagne. (Porte une main tenant cinq flèches.)

Virtus ut astra micat. — Bizien, en Bretagne. (Porte dans ses armes une étoile et un croissant.)

Virtus vetat mori. — Restaurant.

VIRTUS VULNERE VIRESCIT. — Devise de la maison de Vassan du Soissonnais.

VIRTUTE AUTOREM REFERT. (*Deux arbres dans une plaine; sur le grand est une étoile rayonnante qui lance un gros trait de rayons.*) — « Devise de l'étendard des gendarmes et chevau-légers d'Aquitaine : deux compagnies créées l'une en 1669, pour Philippe, duc d'Anjou, depuis duc d'Orléans; et l'autre en 1689, alors l'une et l'autre possédées par le duc d'Anjou, depuis roi d'Espagne, et qui portèrent ce nom d'Anjou; mais Louis XV, par une ordonnance du 8 septembre 1753, a fait prendre le nom d'*Aquitaine* à ces compagnies. » (*Etrennes militaires.*)

VIRTUTE CLARA. — Clerc-la-Deveze.

VIRTUTE DUCE. — Patoul. — Patoul de Fieura.

VIRTUTE DUCE, COMITE FORTUNA. — Cirey de Magny.

VIRTUTE ET HONORE SENESCE. — Senecey, en Bourgogne. — Cette devise est tracée en grosses lettres au château de Senecey.

VIRTUTE ET LABORE. — Du Pont, au Maine et en Bretagne. — De Pont-Aubevoye.

VIRTUTE ET TEMPORE. — Cossé-Brissac.

VIRTUTE FIRMATA DEI. — D'Arc (de la famille de Jeanne d'Arc).

VIRTUTE FLORIOR. — Le comte de Panisse, pair de France. (Porte des épis.)

VIRTUTE FORIS, PRUDENTIA DOMI. — Baron Bittner de Bittnenthal.

VIRTUTEM A STIRPE TRAHO. — Foucher de Careil, etc., en Bretagne. (Porte un lion.) — Bernon de la Guillemaudière.

VIRTUTEM DEDIT ORIGO. (*Aiglon tenu par sa mère, et fixant le soleil*). — La première femme de Philippe V.

Jeton.

VIRTUTEM EXTENDERE FACTIS. — François Chabot, gouverneur de Bourgogne.

Jeton du XVIe *siècle.*

VIRTUTEM FORTUNA PRÆMIT. (*Un lion enchaîné.*) — « Le maréchal Boucicault, qui fut prisonnier des Anglais. » (*Le P. Anselme.*)

VIRTUTE NITET. — De Sinéty, en Provence, Berry et Bourbonnais.

VIRTUTE NON DOLO. — Pellicier de la Coste.

VIRTUTE OMNIA PARENT. — Le cardinal Boyer.

VIRTUTE SIDERIS. — Barruel-Beauvert.

VIRTUTE TEMPORE. (*Scie coupant une montagne.*) — Le duc de Cossé-Brissac, pair de France.

VIRTUTI ET FIDEI. — Baron de Berchtold de Sonnenburg.

VIRTUTI FORTUNA COMES. (*Un cheval.*) — François de Dinteville, évêque d'Auxerre.

Jeton.

VIRTUTI LAURUS. — Varin d'Audeux, à Besançon. (Porte une branche de laurier.)

Jetons de 1624 à 1627.

VIRTUTI, NON DIVITIIS. — Tronson.

VIRTUTI PRO PATRIA. — Le général prince de Vrède (Saxe). — Le comte de la Bonnière de Beaumont, pair de France.

VIRTUTIS AMORE CŒTERA VILESCUNT. — Claude Fevret, en Bourgogne.

VIRTUTIS FORTUNA COMES. — Trench (baron Ashtown). — Louys, en Franche-Comté. — Choiseul. (Ile de France.)

VIRTUTIS PRŒMIUM EST VIRTUS. — Saillans.

VIRTUTIS REGULA MIRÆ. — De Lamiré, seigneur de Caumont, etc., en Ponthieu.

VIS CONTRA VIM. — Quiqueran de Beaujeu.

VIS DUPLEX FULGET IN UNO. — Pierre Scarron, évêque de Grenoble.

VIS ET AMOR. — Chauveau de Rochefort. (Limousin et Bourbonnais.)

VIS ET PRUDENTIA VINCANT. — Le Voyer de Paulmy d'Argenson, en Touraine et Bretagne.

VIS JURIS VINDEX. (*Une main sortant d'une nue et tenant une balance dans laquelle est une couronne et une épée.*) — Une des devises de Henri IV.

VIS NESCIA VINCI. — Pellet des Granges. — La ville de Dijon.

Jeton de 1592.

VIS NESCIA VINCI SINE CAUSA. — Narbonne-Pelet.

VIS SUBJECTA VIRO. (*L'hydre de Lerne terrassée par Hercule.*)

Jetons de Louis XIV, vers 1662.

VISU ET NISU. — Tubeuf.

VIS UNICA FORTIOR. (*Un faisceau de piques.*) — Société des Cœurs-Réunis, de Dieppe.

Jeton de 1784.

VIS UNITA FIT FORTIOR. — Guyon ou Guion.

VIS UNITA FORTIOR. — De Ruffo-Lafare, en Provence.

VISUS NULLI IMPUNÈ. (*Une comète.*) — Devise de Jean, comte de Dunois.

VIS VIRTUTEM FOVET. — Lestrange.

VITAM IMPENDERE VERO. — Baron de Ferber.

VITE ET FERME. — Pinczon, en Bretagne.

VIVE AMANT, VIVES AMOURS.

Jeton de Bourgogne, XVe siècle.

VIVE BOURGOGNE AU NOBLE DUC ! — Les ducs de Bourgogne, comtes de Flandre.

Jeton du XVe siècle.

VIVE BOURGONGNE ! — Ducs de Bourgogne,

Jetons du XVe siècle.

VIVE LE DUC (DE BOURGOGNE) !

Jetons du XVe siècle.

VIVE LE DUC, VIVE LE DUC ! VIVE, VIVE, VIVE BOURGOGNE, VIVE BOURGOGNE ! (*Briquets.*)

Sur un jeton anonyme de Charles le Téméraire, duc de Bourgogne ; cuivre.

VIVE LE GENTIL DUC DE BOURGOGNE !

Jetons du XVe siècle.

VIVE LE NOBLE DUC !

Jetons des ducs de Bourgogne, XVe siècle.

VIVE LE ROI, VIVE BOURGOGNE !

Jetons des rois de France, ducs de Bourgogne, XVe siècle.

VIVE. UT. POST. VIVAS. — Louis de Baissey, abbé de Citeaux.

Jetons du XVIe siècle.

VIVE UT POST VIVAS. — Antoine de Vienne, abbé de Balerne. — Jacques de Vienne, seigneur de Longvy. (Franche-Comté.)

Jetons du XVIe siècle.

VIVIT ET ARDET. — Viard.

VIVIT POST FVNERA VIRTVS.— Guillaume de Péricard, évêque d'Évreux (1608-1613).

Sur une couverture de livre à ses armes.

VIVRE POUR MOURIR ET MOURIR POUR VIVRE. — De Saint-Souplis, en Ponthieu.

VOCA MECUM BENEDICTIS. — Benoist de la Prunarède.

VOLABUNT ET NON DEFICIENT. — Leféburé de la Donchamps.

VOLABUNT ET NON DEFICIENT, ALTIORA PETENS. — Gras.

VOLAT FAMA PER ORBEM. — Cautelme des Rolands.

VOLUNTAS DEI. — De Kerguz, en Bretagne.

VOOR MOED, BELEID TROUW. (*Pour la bravoure, le talent, la fidélité.*) — Devise de l'ordre militaire de Guillaume, créé en 1815 par Guillaume Ier, roi des Pays-Bas. (Croix d'or à 8 pointes.)

VORAT. — D'Angoulevent, en Bretagne.

VOS ME DUCTORE BEABIT. (*Vue de la ville de Dijon, le Soleil levant et l'Étoile du matin.*) — États de Bourgogne.

Jeton de 1719.

VOTA FEFELLIT. (*Une riche moisson sur pied*). — États de Bourgogne.

Jeton de 1659.

VOTIS SECTATUR EUNTEM. (*Un oiseau en l'air, les ailes étendues et un autre les ailes de même, lequel semble s'efforcer pour s'élever.*) — « Devise des chevau-légers de Bourgogne, compagnie créée en 1690 par le duc de Bourgogne. » (*Etrennes militaires.*)

VOTRE PLAISIR. — Lannois.

VOTRE VEUIL. — Luxembourg.

VOTUM DEO REGIQUE VOVIT. — Le Prevost d'Iray.

VOUS.ET.NON.PLUS. — Devise de Charles de Melun, seigneur de Nantouillet, etc., qui se voit encore au-dessous des créneaux d'une vieille tour, au château de Normanville, près Évreux.

XVe *siècle.*

VOUS M'AVEZ, VOUS M'AVEZ ! — Changy de Roussillon.

VOX TONITRUI TUI IN ROTA. — « La maison de Sorbonne qui est du corps de l'université de Paris, porte les armes de son fondateur Robert Sorbon. C'est une roue de fortune, par allusion à *sors bona ;* les rais de cette roue sont fleurdelisées et elle accompagne ce corps de ces mots d'un pseaume, pour faire allusion à ses censures et à ses décisions. » (*Le P. Ménestrier.*)

VRAY PRÉLUDE. — Devise-anagramme de Pierre Du Val, évêque de Séez, à l'aide de laquelle il voilait son nom dans ses écrits. (*Baillet. Jug. des sc.*) Il en avait fait une autre qu'on trouvera aux mots *Le vray*, etc.

VULCANA TELA MINISTRANT. — Burteur.

VULNERE AMICO CORDA PETUNT. — Burteur, maire de Dijon. (Porte des flèches.)

Jeton de 1739.

VULNUS FERT ET OPEM. — Burteur, maire de Dijon. (Porte des flèches.)

Jeton de 1736.

W Y Z

WALINCOURT! (*Cri.*) — Desmaisières. — Beauvoir. — Le sieur de Boucy, en Vermandois.

WAVRIN! (*Cri de guerre.*) — De Wavrin.

Y FAULT FAIRE LE MIEULX CON PEUT. — Levasseur, à Abbeville, en 1401.

YOUL DOE. (*La volonté de Dieu.*) — Kerliviry.

YPRIS CORAM REGE CAPTIS. — Arnaud de l'Estang.

ZARA A CHI TOCCA. (*Un pot à feu ou un pétard.*) — Devise que portait jadis le duc Jean de Bourbon, comme on le voit en divers lieux du Bourbonnais et de Villefranche, en Beaujolais.

ZELO ZELATUS SUM PRO DOMINO DEO EXERCITUUM. — Les carmes déchaussés.

DEVISES GRECQUES

Αἰὲν ἀριστεύειν. — Gilles Menage. (Porte une croix de Saint-André, chargée au centre d'un soleil rayonnant.)

Ἀνδρὸς ὀρθὸς ἥλιος. — Devise par décomposition du nom d'André Orthelius, qu'il ne faut pas confondre avec Abraham Ortelius.

Ἀντέρως. (*Deux torches unies par des nœuds.*) — Daniel Fillau, secrétaire du prince de Condé.

Jeton de 1611.

Ἀπλανῶς. (*Sans errer.*) — Le connétable Anne de Montmorency, premier baron de France. Les uns lui donnent une étoile fixe ; les autres, un bras armé, tenant une épée, pour corps de la devise.

Jetons, etc.

Ἄπτερος νίκη. (*Victoire sans ailes.*)

Jetons d'Henri IV, de 1599.

Γηροτρόφος ἔλπις. (*Pégase.*) — Vergy.

Jeton de 1561.

Ἐν τῷ πονεῖν ἀπλάνος. — Chandié.

Ζῆθι. (*Connais-toi.*) — Devise du poëte Tabourot, procureur du roi à Dijon.

Jeton de 1585.

Ζῶντε θανῶντε. — Maillans.

Ολυμπος. — Les ducs de Mantoue.

Οὐθὲν ὁ βίος. — Devise formée par décomposition du nom Utenhovius, auteur des Pays-Bas.

Τοῖς νόμοις Πείθου. (*Obéissez aux lois.*) — Devise des frères Pithou, savants critiques et historiens du XVIe siècle.

Ὑλεία. (*Soleil surmonté d'une balance, le tout dans un pentalpha.*) — Henri, duc d'Anjou.

Jetons de 1568.

Φῶς φέροι ἠδὲ γαλήνην. (*Qu'il porte la lumière et la tranquillité.*) — Devise de Catherine de Médicis, avec l'arc-en-ciel. « Elle porta cette devise pendant la vie de Henri II, mais elle la quitta étant veuve. Elle prit des cendres chaudes, ou, selon quelques auteurs, de la chaux vive, d'où il sortait une grande fumée, à cause des eaux qui tombaient dessus, avec ces paroles : *Ardorem*, etc. » (Voy. ce mot.) (*Le P. Bouhours.*)

SUPPLÉMENT

ADIEU, BIENS MONDAINS ! — Jean de Sales. (Savoie.)

A L'AVENTURE. (*Un cultivateur ensemençant un champ.*) — Auguste Aubry, libraire-éditeur à Paris, de nos jours.

ALLEN, ALLEN. (*Allons, allons.*) — Devise de l'ordre de l'Écu d'or créé en 1369 par Louis II, duc de Bourbon, surnommé le Bon.

AQUILA NON CAPTAT MUSCAS. — Lord Graves, baron de Gravesend. (Grande-Bretagne.)

ARMA TENENTI OMNIA DAT QUI JUSTA NEGAT. — Devise que prit Anne de Montmorency, lorsqu'il fut connétable.

A TEMPS KATENS (*A temps qui attend*). — Paixdeçœur. (Porte de gueule au chevron d'argent, accompagné de trois cœurs de même métal, 2-1, en Normandie.)

Sur un manuscrit du XVIe *siècle, de la bibliothèque de M. Eug. Marcel, bibliophile.*

A TOUTE HEURE. — Eurre.

AUT NUNC, AUT NUNQUAM. (*Ou maintenant, ou jamais.*) — Charles V, deuxième fils du duc François et de la princesse Claude de Lorraine, et neveu de Charles IV, succéda l'an 1675 à son oncle dans ses États, ou plutôt dans l'espérance de les recouvrer. Mais en vain il mit *sur ses étendards* la devise ci-dessus, le maréchal de Créqui lui ferma toujours l'entrée de la Lorraine.

AVEC LE TEMPS GRISE. — Grise, en Flandres.

BONNE EST LA HAYE AUTOUR DU BLÉ. — La famille de Laye qui s'est fondue dans celle du Blé. (La Haye se prononce ici comme l'haye sans aspiration.)

CARITAS GENERIS HUMANI. — (*Un cippe ou autel carré, sur lequel repose un ciboire surmonté d'une hostie ; à la base est une mitre posée sur un coussin ; puis un bonnet phrygien et un chapeau rond sont posés à terre, la croix épiscopale appuyée contre l'autel.*) — Claude Fauchet, évêque de Bayeux.

Sur son cachet, 1791.

CLARUS UTRAQUE. — Geoffroi-Macé Camus de Pontcarré, premier président du parlement de Normandie. (Porte des croissants et une étoile.)

En tête d'un livre.

CRUCE, DEO, GLADIO, REGI JUNGOR. — Saint-Phalle. (Champagne.)

DEO DUCE. (*L'ange Raphaël apparaissant à Tobie, etc.*) — Devise de Raphaël du Petit-Val, imprimeur à Rouen au XVIe siècle.

DEUS DAT CUI VULT. (*Un sceptre tombant des nues.*) — Eric, roi de Suède (1562), avait la même devise que son père.

DEUS PROTECTOR MEUS. — Devise de Charles-Philippe, duc de Sudermanie, frère de Gustave-Adolphe, roi de Suède.

EN BONNE FOY. — François de Sales, seigneur de Boisy. (Savoie.)

FERT LUCEM EUNDO. (*Apollon en marche sur notre globe, tient de sa main droite un livre ouvert.*) — Bachelin Deflorenne, libraire-éditeur à Paris, de nos jours.

GAUDEBUNT CAMPI, ET OMNIA QUÆ IN EIS SUNT. (*Psalm.* 95.) — Campi à Plaisance. (Italie.)

GLORIA ALTISSIMO SUORUM REFUGIO. — Gustave-Adolphe, roi de Suède.

GOTT IST MEIN TROST. (*Dieu est ma consolation.*) — Christine d'Holstein, femme de Charles, roi de Suède et mère de Gustave-Adolphe.

IEHOVA DUCTOR SUORUM. — Jean, fils de Jean III, duc d'Ostrogothie, neveu de Gustave-Adolphe, roi de Suède.

IN MANDATIS TUIS, DOMINE, SEMPER SPERAVI. — Anne de Montmorency, étant grand maître de France.

IN PAUCIS QUIES. — Galois de Sales, seigneur de Villaroger.

IN TE, DOMINE, CONFIDO.— Devise d'Antoine Authier.

Sur des livres de sa bibliothèque.

JEHOVA SOLATIUM MEUM. — Charles, roi de Suède, frère de Jean III.

Laissez croistre la haye. — Jean de la Haye. (Hollande.)

Lancea rupta pro rege et patria. — Chassay.

Lancea sacra ! (*Cri.*) — D'Adhémar. (Picardie et Guyenne.)

Macula sine macula. — Kergado-Molac en Bretagne. (Porte des macles dans ses armes.)

Maintenir faut. — Le Boucq de Ternas. (Picardie.)

Mane nobiscum, domine. — Devise accompagnant les troisièmes armes de Jacques-Auguste de Thou.

Sur la couverture d'un livre de sa bibliothèque.

Marche droit, heincaert ! — Heincaert, en Flandres. (Ce nom veut dire *boiteux*.)

Mas vale volando. — Les Pimentels, en Espagne, qui ont un aigle volant pour cimier.

Melun, a moy melun ! (*Cri.*)— Lawoestine. (Ile de France.)

Meminisse et imitari. — Jean-Sébastien-Adolphe Devoucoux, évêque d'Évreux, 1860.

Meta laboris honos. — Devise de Barbou imprimeur célèbre (XVIIIe siècle).

MISERIS SUCCURRERE DISCO. — La Société de médecine et des sciences de la ville d'Évreux. (1817-1823.)

Cachet.

MODERATA DURANT.— Hugues de Rochefort. (Auvergne.)

MORÉ POR DIOU. -- Moré de Pontgibaud. (Bretagne.)

MUSA FŒLICITAS (*sic*) ALTERA. — Devise de Jean Belot, curé de Milmonts, auteur de traités sur la chiromancie, la physionomie, les divinations et les songes.

Sur un portrait gravé sur bois.

NASCI, LABORARE, MORI. — Guillaume de Rochefort. (Auvergne.)

NEC DEVIO, NEC RETRÒ GRADIOR. — Rigon de Magny. (Languedoc.)

NEC SCOPULI TERRENT. (*Un navire voguant sur une mer agitée.*) — M. Eugène Marcel, membre de la Société des Bibliophiles normands.

Ex libris *et cachet.*

NE QUID NIMIS. (*Un orme contre un croissant et une tour.*) — Philibert de l'Orme, abbé commendataire d'Ivry, en 1548, un des plus habiles architectes de son temps. C'est lui qui donna les plans du château d'Anet.

NE VARIETUR. — Le Gras du Luart. (Normandie.)

NIHIL AGERE SEMPER INFELICI EST OPTIMUM. (*Publ. Syrus.*) — Gilles Ménage.

NIL NISI CONSILIO.

Jeton de 1649 aux armes de France et au chiffre couronné de Louis XIV.

NITIMUR IN VETITUM. — Grilles, à Arles et à Gennes.

NOEL A NOEL. — Le Noel de Groussy. (Normandie.)

NON. INFERIORA. SECVTVS. (*Une femme debout tenant de sa main droite une statuette de la Justice et montrant de la gauche un trophée militaire.*) — Claude d'Expilly.

Médaillon en cuivre, 1601.

NON SIBI SED MUNDO. — Bignon, conseiller du roi, intendant de justice de la généralité de Rouen.

NON SINE LABORE. — Le Coq de la Fontaine.

NON UNO GENS SPLENDIDA SOLE. — D'Aligre. (Ile de France.)

Nostra sed in tumulo. (*Un arbre de buis ou de myrte, symbole de l'Amour.*) — Louise de Lorraine-Vandemont, femme de Henri III.

N'oublie et ne doubte. — Bois de Mouzilly. (Ile de France.)

Nova quærant alii, nil nisi prisca peto. — Paul Petau, savant antiquaire de la fin du xvie au commencement du xviie siècle.

Nunquam excidet (sous-entendant charitas). — Devise de saint François de Sales.

Per ardua virtus. — Claude de Rochefort. (Auvergne.)

Plus cogitare quam dicere. — François-Ignace Wolfgang, baron de Spiringk.

Raison partout, rien que raison. — Pierre Gringore, poëte satirique du règne de Louis XII.

Sans fourvoyer sa voye. — Jacques, bâtard de Savoie, abbé d'Entremonts.

Super pennas ventorum. — Les Vento, seigneurs des Pennes, en Provence, originaires de Gennes.

Tene certum, dimitte incertum. — Pierre Certon, chanoine de l'église de Melun.

Teres hujus virtute omnia. — Jean Terès, archevêque de Tarragone. (Porte un lion tenant une longue croix.)

Tutum forti præsidium virtus. — Bardonenche, en Dauphiné.

Unitas. *(5 ou 6 pièces de bois jointes ensemble.)* — Bernard Cless, évêque et prince de Trente, cardinal.

Ut seres metes. — Granery, à Turin.

Veritas vincit. — Les Veras, en Espagne.

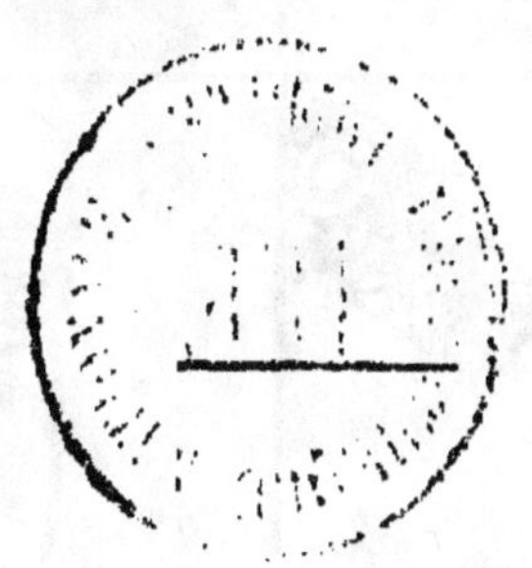

I

1
5
CORONABITVR LEGITIME CERTANTIBUS
2
6
BARBARIA
3
TRES IN VNO
7
4
8

II

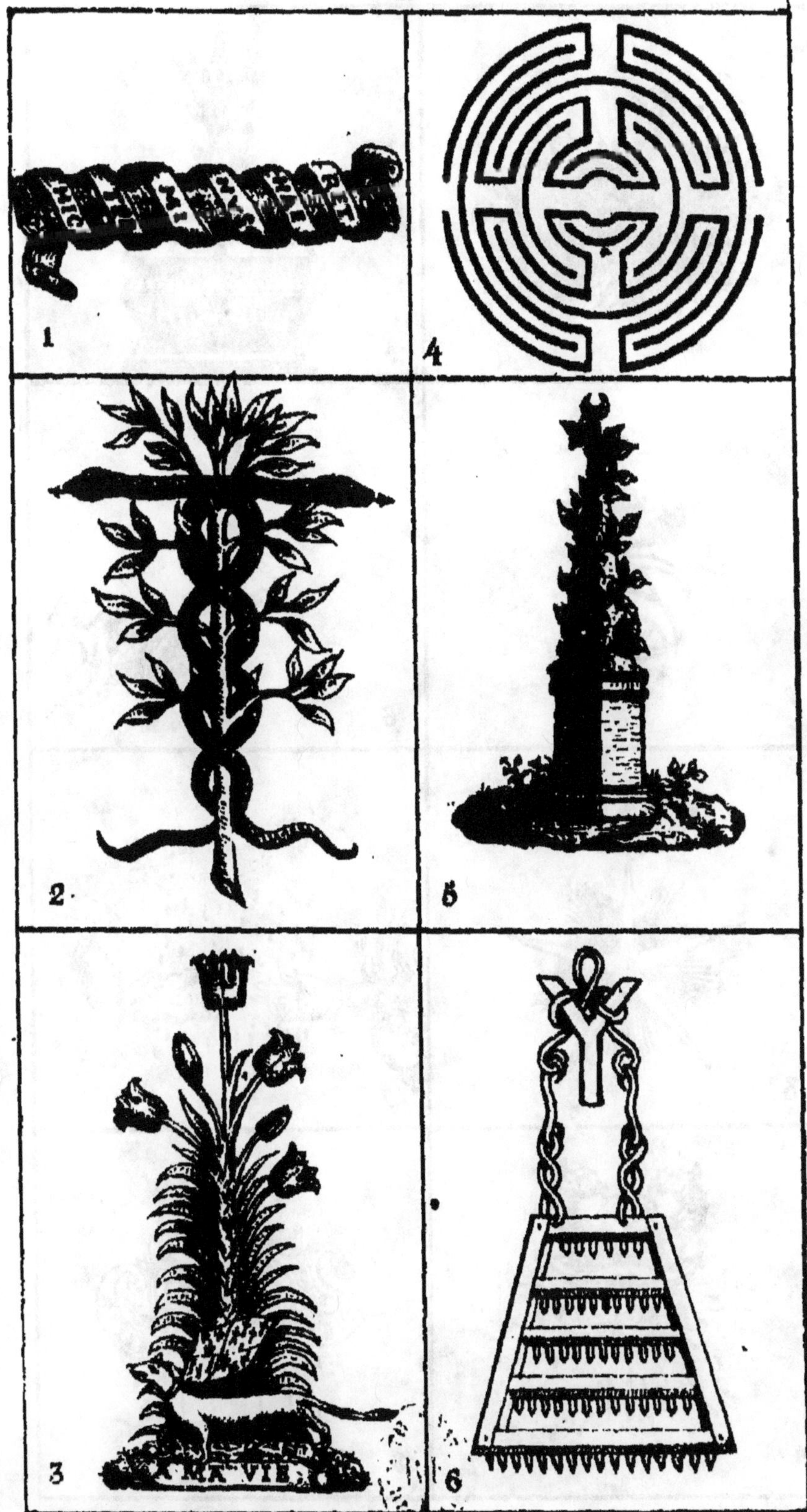

III.

IV.

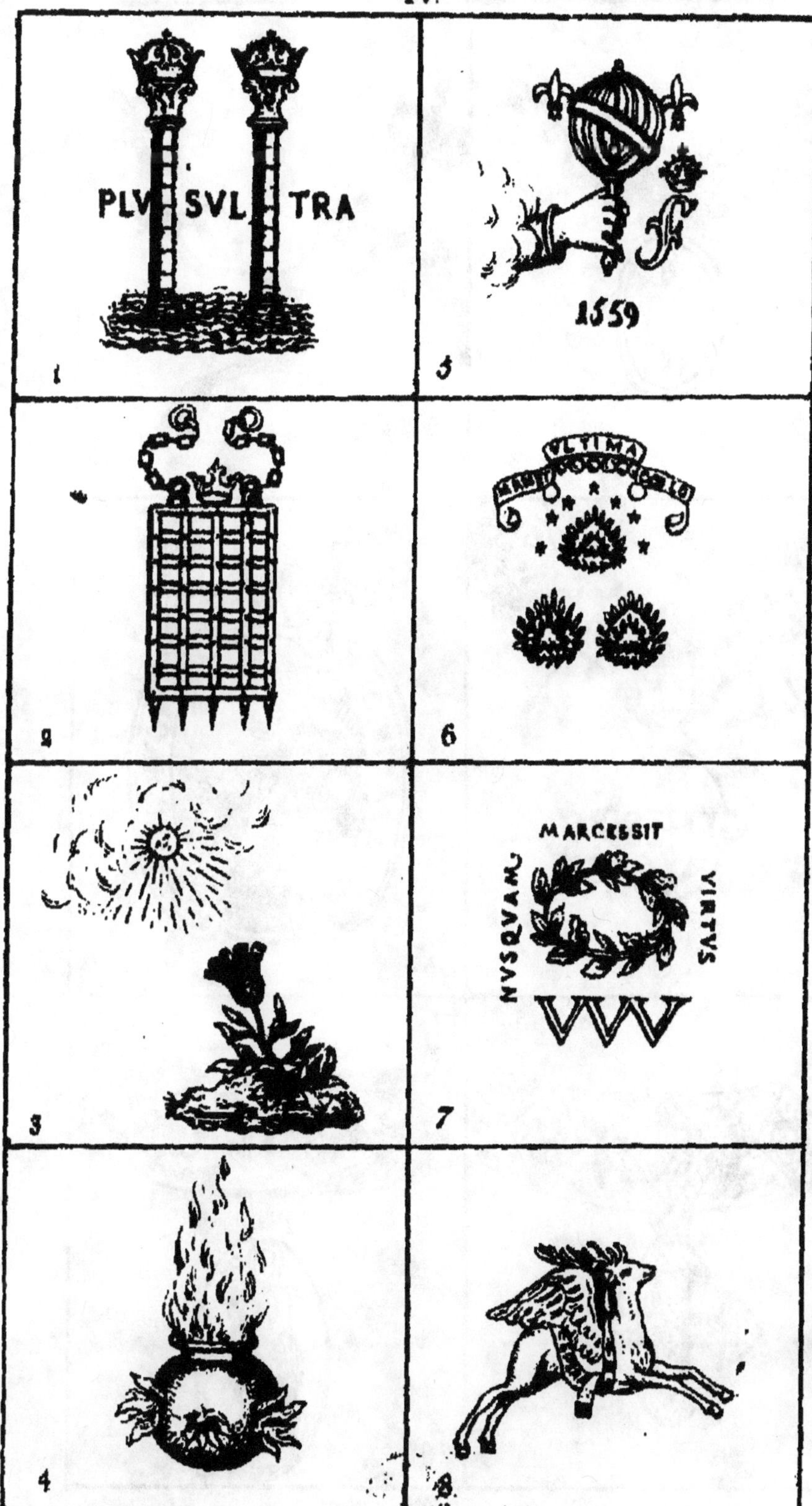

V

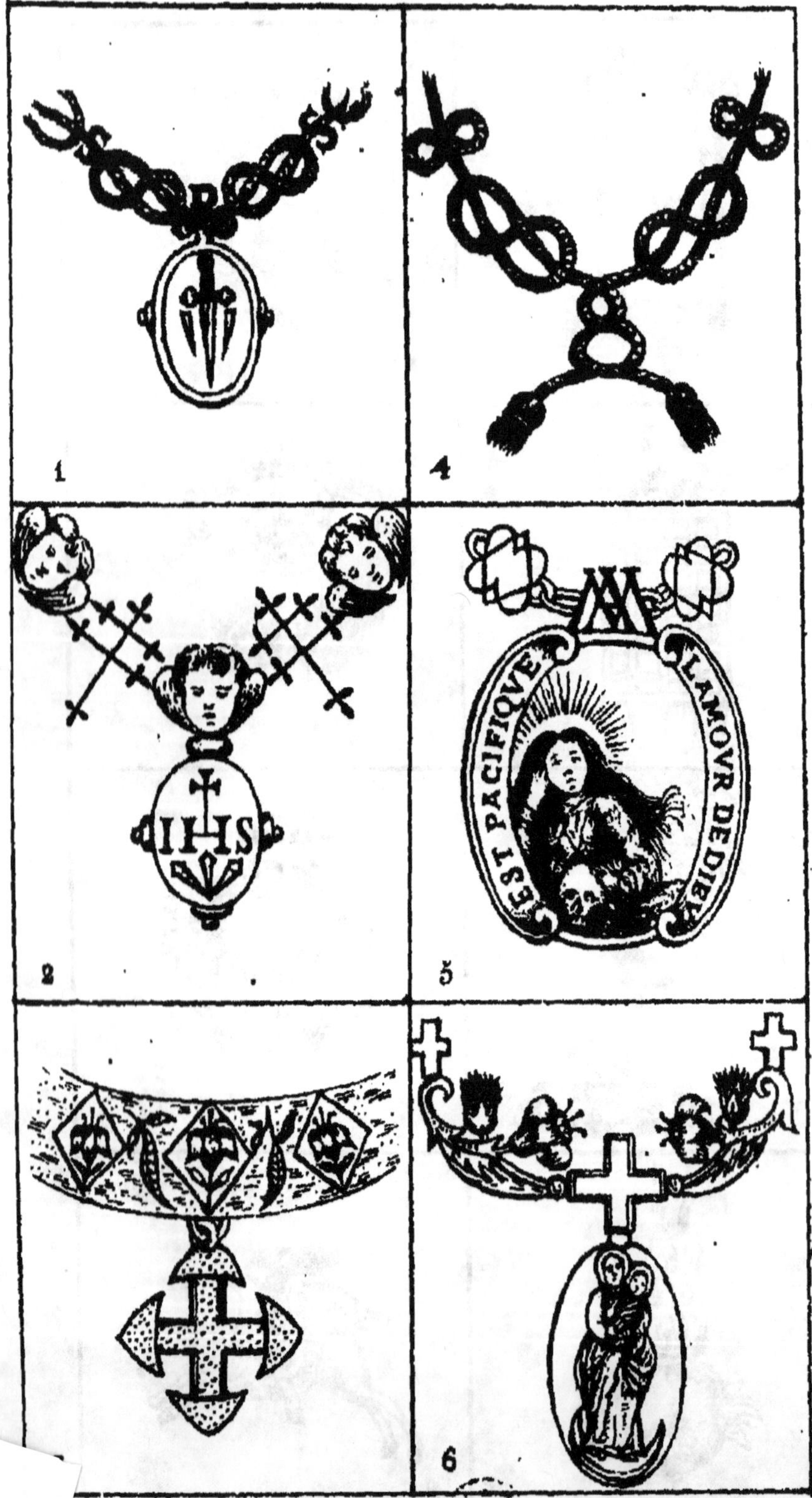

…ingramcontent.com/pod-product-compliance
…Source LLC
…sburg PA
…72014270326
…CB00009B/1647

IV.

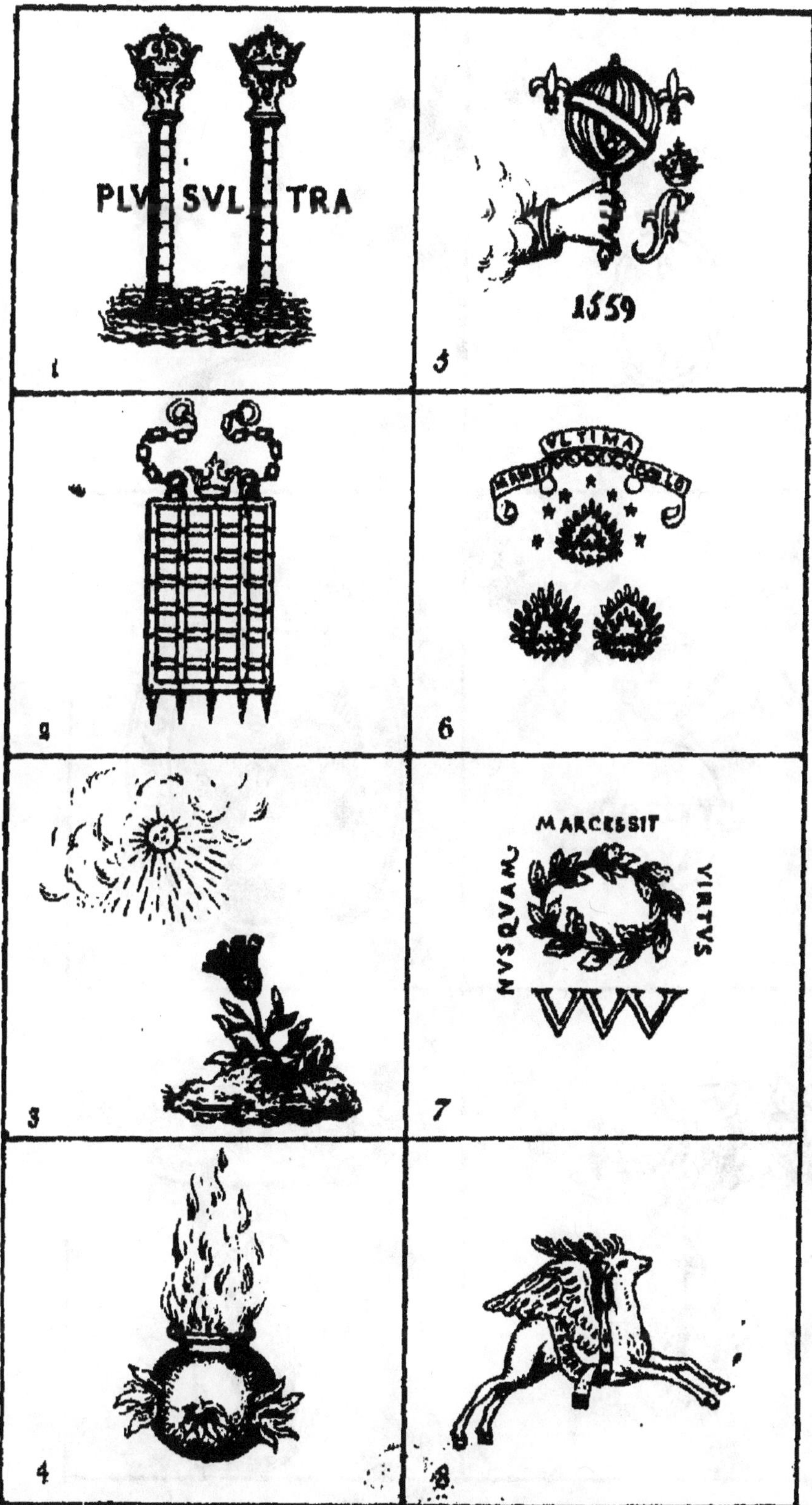

V

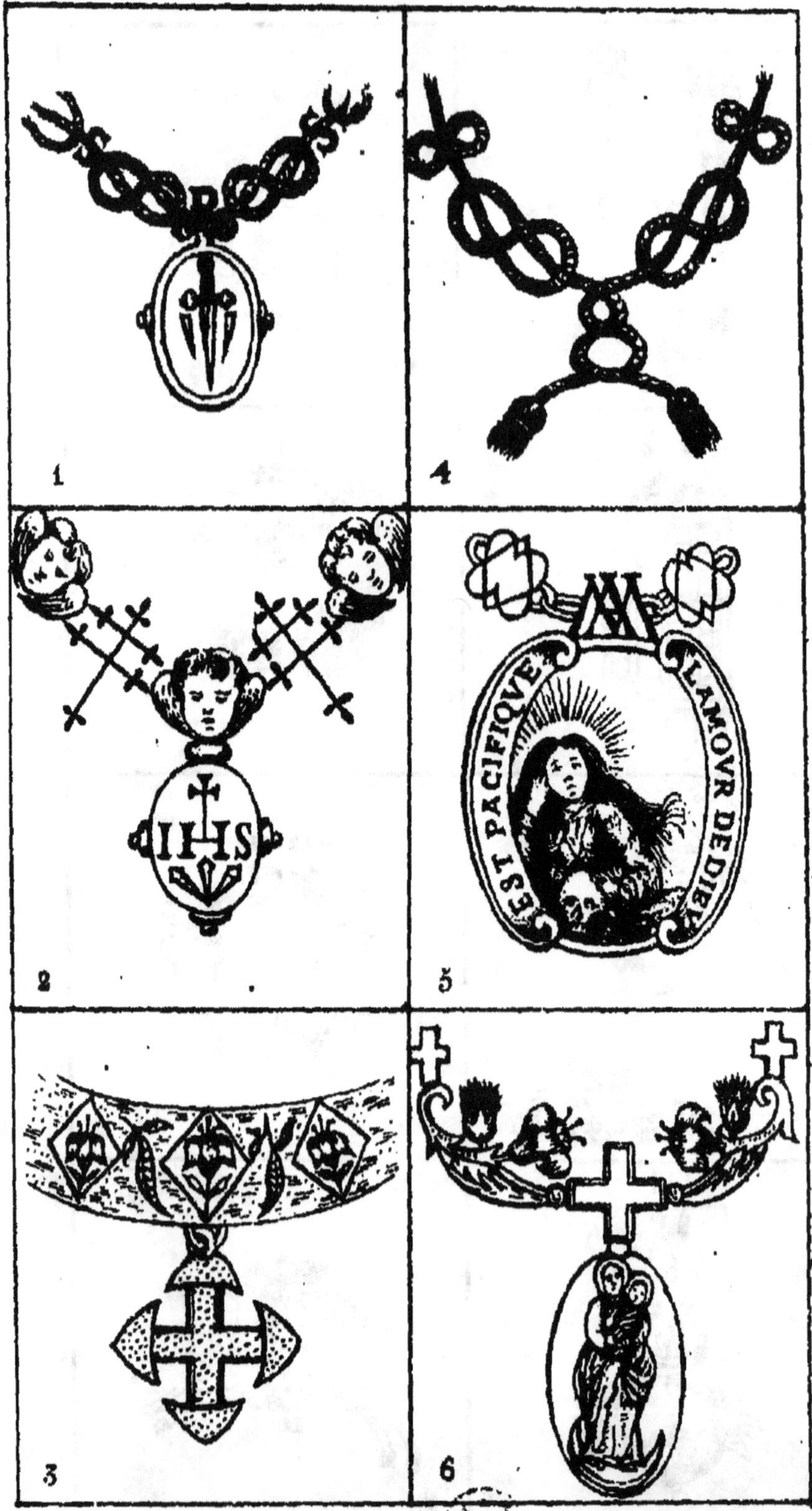

www.ingramcontent.com/pod-product-compliance
Lightning Source LLC
Chambersburg PA
CBHW072014270326
41928CB00009B/1647

* 9 7 8 2 0 1 2 5 3 9 5 2 5 *